PAWLAK JUGENDBUCH

Robin Sohn

Der kleine Sonnenmann

Eine abenteuerliche Reise durch das Weltall zu den 9 Planeten.

Pawlak Taschenbuch Verlag, Berlin, Herrsching

Robin Sohn (Pseudonym von Alfons Schweiggert)
Titelgestaltung und Illustration vom Autor

Gesamtherstellung Elsnerdruck GmbH, Berlin
Printed in Germany.
ISBN 3-8224-0542-6

Inhalt

Merkur

Venus

Erde

Mars

Asteroiden

Jupiter

Saturn

Uranus

Neptun

Pluto

Gasaus-
brüche
6000°C
Hitze
14 Mill. °C
Hitze
Sonnenkern
Die Sonne

Der kleine Sonnenmann hat Kummer

Es war einmal ein kleiner Sonnenmann, der lebte seit vielen Tausenden von Jahren mitten auf der riesigen Sonne. Noch niemals hatte er einen Schnupfen gehabt, weil es auf der Sonne nämlich furchtbar heiß ist. Er verbrannte sich auch nicht, denn er besaß eine Flammenhaut, die selbst aus lauter Flammen bestand und die deshalb nicht verbrennen konnte.

Der kleine Sonnenmann lief auf der brodelnden Sonnenoberfläche herum und fühlte sich pudelwohl dabei. Am liebsten spielte er mit seiner Freundin, der Sonnenfee Glitziglunk. Sie übten gern Feuerspringen. Der kleine Sonnenmann hatte es erst letzthin geschafft, mit einem einzigen Satz über zehn Feuerzungen zu hüpfen. Auch das Flammenreiten gefiel den beiden. Dazu hopsten sie auf eine riesige, hochauflodernde Flamme und ließen sich von ihr weit hinaus in das Weltall tragen. Mit Hui und Hurra rutschten sie dann wieder mit der sinkenden Flamme auf die Sonne zurück. An besonders heißen Tagen gingen sie begeistert zum Sonnenbaden und sprangen kopfüber mit einem Hechtsprung in den brodelnden Glutbrei. Langweilig wurde es den beiden nie.

Gerade rief Glitziglunk: „Komm mit, kleiner Sonnenmann, zu den schwarzen Sonnenflecken! Wir wollen dort Rutschen spielen!"

Die schwarzen Sonnenflecken waren etwas kühler. Auf ihnen konnte man prima barfuß entlanggleiten.

Aber der kleine Sonnenmann saß mit sorgenvollem Gesicht auf einem Brutzelhügel und rührte sich nicht.

„Was ist mit dir los, kleiner Sonnenmann?" fragte die Fee Glitziglunk bekümmert. „Du wirst dir doch nicht etwa gestern beim Flammenreiten kalte Füße geholt haben."

„Ach nein", seufzte der kleine Sonnenmann, „ich habe nur so ein komisches Gefühl. Jeden Tag werde ich nämlich kleiner und kleiner, und das ist ein sehr schlechtes Zeichen."

„Um Himmels willen", rief Glitziglunk erschrocken, „das ist mir auch schon aufgefallen. Es wird doch hoffentlich nicht der Sonnendrachen ..." „Sei still", unterbrach der kleine Sonnenmann die Sonnenfee. „Hast du nicht gehört, wie es eben im Sonneninneren gedonnert hat? Das war der Sonnendrachen. Da gibt es keinen Zweifel. Er ist aufgewacht und kriecht an die Oberfläche der Sonne."

„Wenn das stimmt, was du da sagst", jammerte Glitziglunk, „dann müssen wir etwas tun!"

„Du hast recht", seufzte der kleine Sonnenmann, „wir müssen jetzt rasch etwas unternehmen, bevor der Sonnendrachen nach oben kommt. Das dauert höchstens noch einen Tag."

Im selben Augenblick grollte es wieder im Inneren der Sonne. „Ich glaube, ich habe seine Stimme gehört", flüsterte Glitziglunk ängstlich. „Der Sonnendrachen hat gebrüllt: ‚Ich komme! Wartet nur, bald komme ich!' Ich habe Angst, kleiner Sonnenmann, was nun geschehen wird. Wir haben doch hunderttausend Jahre in Ruhe und Frieden hier gelebt. Was ist nur passiert, daß der böse Sonnendrachen aufgewacht ist?"

„Das kann ich dir genau sagen", meinte der kleine Sonnenmann. „Schuld daran sind die Menschen auf der Erde und . . ."

Der böse Zauber des Sonnendrachens

Der kleine Sonnenmann stand auf und ging eilends auf ein in der Ferne liegendes Feuerzelt zu.

„Komm mit zu unserem Raumschiff!“ forderte er Glitziglunk auf. „Auf dem Weg dorthin werde ich dir alles erklären.“

Glitziglunk flog sofort auf und schwirrte neben dem kleinen Sonnenmann her. „Erzähl schon“, rief sie aufgeregt.

„Nun“, begann der kleine Sonnenmann, „der böse Zauber des Sonnendrachens ist sehr schlimm. Du weißt doch, daß die Erde von unserer Sonne Licht und Wärme erhält. Ohne Sonne würde es auf der Erde keine Pflanzen, Tiere und Menschen geben. Die Erde wäre ohne Sonnenstrahlen mausetot.“

„Ja, aber“, unterbrach Glitziglunk hastig, „was hat das alles mit dem Sonnendrachen zu tun?“

„Sehr viel, meine Liebe“, erklärte der kleine Sonnenmann. „Die Sonnenstrahlen fallen auf die Erde und bescheinen alles, ob es nun gut oder böse ist. Wenn ebenso viele Strahlen auf Gutes wie auf Böses fallen, dann passiert nichts. Sobald aber die Strahlen mehr Böses als Gutes treffen, dann ziehen sie sich beleidigt sofort auf die Sonne zurück."

„Ach so", rief Glitziglunk, „und wenn nun zu viele Strahlen zur Sonne zurückkehren ..." „... und das dazu noch viele Jahre lang", ergänzte der kleine Sonnenmann, „dann wird das Sonneninnere heißer und heißer und ..." Da fiel im Glitziglunk aufgeregt ins Wort: „... und der Sonnendrachen erwacht von dieser aufgestauten Hitze!"

„Richtig", bestätigte der kleine Sonnenmann. „Und mit ihm erwacht auch der böse Zauber des Sonnendrachens. In dem Augenblick nämlich, in dem der Sonnendrachen erwacht und an die Sonnenoberfläche hinaufzuklettern beginnt, werde ich kleiner und kleiner und verliere dabei immer mehr von meiner Sonnenmacht."

„Ojemine!" wimmerte Glitziglunk. „Und was will der Sonnendrachen von dir?"

„Wie du dir denken kannst", erzählte der kleine Sonnenmann weiter, „hat er nichts Gutes mit uns beiden vor. Wenn er nämlich an der Oberfläche erscheint, will er zuerst mich und anschließend dich mit seinem eiseskalten Atem zu Tode frieren." „O bitte nicht", schluchzte Glitziglunk verzweifelt.

„Und dann", fuhr der kleine Sonnenmann leise

fort, „dann breitet er seine riesigen Drachenflügel vor der Sonne aus, damit keine Sonnenstrahlen mehr zur Erde können. Die Pflanzen, Tiere und Menschen müssen in der Dunkelheit und in der Kälte jämmerlich zugrunde gehen. Erst dann läßt der Sonnendrachen wieder die Sonnenstrahlen zur Erde reisen, weil sie dort nichts Böses mehr antreffen. Sie bleiben deshalb wieder auf der Erde, und die Sonne wird natürlich wieder etwas kühler. Jetzt kann der Sonnendrachen beruhigt ins Sonneninnere zurückkriechen und dort weiterschlafen. Da wir beide nicht mehr da sind, gehört ihm nun die Macht alleine. Und er kann deshalb mit der Sonne und der Erde machen, was er will."

„Und er will bestimmt nichts Gutes", rief Glitziglunk zornig. „Zuerst hat er uns beide, die Pflanzen, Tiere und Menschen zerstört; und dann wird er irgendwann einmal die ganze Erde vernichten, wenn es ihm Spaß macht!"

„Das ist leider wahr", seufzte der kleine Sonnenmann. „Deshalb müssen wir uns beeilen, es gibt nämlich eine einzige Möglichkeit, uns alle zu retten."

Inzwischen waren die beiden an dem glühenden Zelt angekommen. Der kleine Sonnenmann öffnete das Tor, und vor ihnen stand leuchtend . . ."

Das lichtstrahlschnelle Heliumschiff

„Komm, steig rasch ein!“ rief der kleine Sonnenmann.

Er öffnete die Einstiegshaube, und Glitziglunk huschte in die Kabine. Auf der Erde war jetzt gerade der Vormittag angebrochen. Als die beiden im Raumschiff saßen, zog der kleine Sonnenmann an einem Hebel. Schon stieg das Heliumschiff senkrecht in die Höhe, immer schneller und schneller.

„Auf geht's zur Erde“, rief der kleine Sonnenmann voll Zuversicht. Glitziglunk klatschte einmal in die Hände und rief: „Einmal in die Hände klatschen, dauert eine Sekunde, nicht wahr!?“ „Ja“, bestätigte der kleine Sonnenmann. „In jeder Sekunde rast unser Raumschiff 300 000 Kilometer weit. Es ist nämlich so schnell wie ein Lichtstrahl.“

„Und was bedeutet dieser Schalter dort“, fragte Glitziglunk neugierig, „auf dem S 10 steht?“

„Vorsicht! Nicht berühren!“ warnte der kleine

Sonnenmann. „Das ist der Superstrahl Nummer 10. Wenn ich diesen Schalter drehe, dann fliegen wir 10mal so schnell wie jetzt. Und wenn ich diesen Schalter S 100 betätige, dann rasen wir sogar 100mal so schnell wie ein Lichtstrahl dahin."

„Wie lange bräuchten wir eigentlich zur Erde, wenn wir die ganze Strecke zu Fuß gehen müßten?" forschte Glitziglunk weiter.

„O je", winkte der kleine Sonnenmann ab, „da müßten wir ungefähr 3500 Jahre Tag und Nacht dahinmarschieren, bis wir ankommen würden, und bekämen Feuerblasen an den Füßen."

„Mit unserem lichtstrahlschnellen Heliumschiff geht das zum Glück viel rascher", freute sich Glitziglunk und atmete erleichtert auf.

„Ja", entgegnete der kleine Sonnenmann, „da dauert die Reise von unserer Sonne bis zur Erde nur 8 Minuten. Warte nur, gleich sind wir da."

Rasend schnell glitt das Heliumschiff durch den kohlrabenschwarzen Weltraum. Und da – in weiter Ferne tauchte tatsächlich schon die grünblaue Erdkugel auf.

„Warum müssen wir eigentlich zur Erde?" wunderte sich Glitziglunk und schaute beunruhigt auf den kleinen Sonnenmann. Der antwortete ernsthaft: „Wir wollen doch uns beide und die Erde retten und den bösen Sonnendrachen besiegen, oder nicht . . ." Glitziglunk war ratlos: „Ja, aber . . ." „Nichts aber", unterbrach sie der kleine

Sonnenmann, „nur ein einziges Ding kann uns dabei helfen . . .“

Der Zauberspiegel mit den neun Edelsteinen

Der kleine Sonnenmann tippte eifrig mit seinen Feuerfingern auf ein paar Tasten herum.

„Was machst du da?“ stutzte Glitziglunk. „Ich habe soeben unserem Raumschiff befohlen, daß es auf der Erde vor einer Glashütte landen soll.“

„Was ist eine Glashütte?“ fragte Glitziglunk. „In einer Glashütte“, gab der kleine Sonnenmann Auskunft, „wird Glas hergestellt, und wir brauchen doch einen Zauberspiegel . . .“ „Ach so“, verstand jetzt Glitziglunk, „und der ist aus Glas. Deshalb willst du einen Glashütter bitten, daß er uns einen Spiegel macht.“ Lächelnd nickte der kleine Sonnenmann. „Aber die Menschen“, gab Glitziglunk zu bedenken, „werden doch vor uns furchtbare Angst haben, so, wie wir beide aussehen.“ „Das nützt alles nichts“, winkte der kleine Sonnenmann ab, „wir müssen es einfach versuchen, du weißt ja, was sonst passiert. Ich hoffe, daß die Menschen uns helfen werden.“

Glitziglunk hörte jetzt nicht mehr zu. Sie

blickte aufgeregt zum Fenster des Sonnenschiffes hinaus. Die Erde kam nämlich immer näher. Sie wurde runder und größer – wie eine Murmel, jetzt wie ein Apfel, nun wie ein Ball, jetzt groß wie ein Haus. Glitziglunk sah das Meer, grüne Wälder und Wiesen, Felder und viele Städte.

Nun bremste das Raumschiff schon ab. Die Menschen auf der Erde blickten geschäftig zu Boden und rannten hastig aneinander vorbei. Lautlos sank das Heliumschiff zu Boden und landete unbemerkt abseits von einer Stadt in einer kleinen Senke.

Dort arbeiteten in einer Glashütte unter Leitung des alten Hüttenmeisters Korbinian, Glasmischer, Glasschmelzer und Glasbläser.

Soeben ging Korbinian in sein Wohnhaus hinüber, das versteckt hinter Büschen stand. Er wollte nach seinen beiden Enkelkindern sehen. Das Mädchen Maxi und der Junge Moritz lebten seit dem Tode ihrer Eltern bei ihrem Großvater Korbinian. Die Großmutter war auch schon gestorben, und so hatten die drei einander, und sie lebten gern zusammen.

Maxi und Moritz spielten gerade „Mensch ärgere dich nicht". Da öffnete sich die Tür, und der Großvater trat ein. „Na, ihr beiden, macht euch das Spielen Spaß?" Die Kinder nickten und ließen sich nicht ablenken. „Du bist dran mit Würfeln", drängte Maxi. Moritz ließ den Würfel über den Tisch rollen. „Hurra, eine Sechs!“ jubelte er. „Die beiden haben es gut“, brummte der Großvater, „die haben Sommerferien und können spielen.“

Da – auf einmal wurde es in der Stube schlagartig drückend heiß. „Puh, ist das plötzlich eine Bruthitze“, jammerten die Kinder. Auch Großvater Korbinian wischte sich den Schweiß von der Stirn. Er wollte zur Tür, aber mitten im Schritt hielt er inne.

Langsam und knarrend öffnete sie sich nämlich wie von selbst. Moritz riß den Mund auf. Maxi wich an die Wand zurück. Der Großvater erstarrte vor Schreck.

Vor ihnen stand – der kleine Sonnenmann. Die Flammen auf seiner weißglühenden Haut züngelten und strahlten eine unerträgliche Hitze aus.

„Wer bist du? Was willst du?“ stieß Korbinian mit stockender Stimme hervor.

„Ich bin der kleine Sonnenmann und komme direkt von der Sonne“, erklärte der unheimliche Besucher aus dem Weltraum. „Wir haben nicht viel Zeit.“ Freundlich erzählte er dem mißtrauischen Großvater und den staunenden Kindern die ganze Geschichte. Er schloß mit den Worten: „Deshalb brauche ich von dir, Meister der Glashütte, einen mannshohen Spiegel aus feinstem Kristallglas mit einem breiten Rand. An dem will ich neun Edelsteine befestigen. Wenn uns nämlich der Sonnendrachen angreift, werde ich ihm den Zauberspiegel mit den neun Edelsteinen entgegenhalten. Er wird sich in dem Spiegel selbst erblicken und vor Entsetzen in das Sonneninnere verkriechen."

„Wenn das so ist", brummte Großvater Korbinian, „werde ich natürlich helfen, dich und unsere Erde vor der Vernichtung zu erretten."

Moritz trat mutig einen Schritt vor und fragte neugierig: „Aber woher willst du dir die neun Zauberedelsteine beschaffen?" „Die werde ich mir", erklärte der kleine Sonnenmann, „von den neun Planeten, die um die Sonne kreisen, holen. Wartet, ich mache euch . . ."

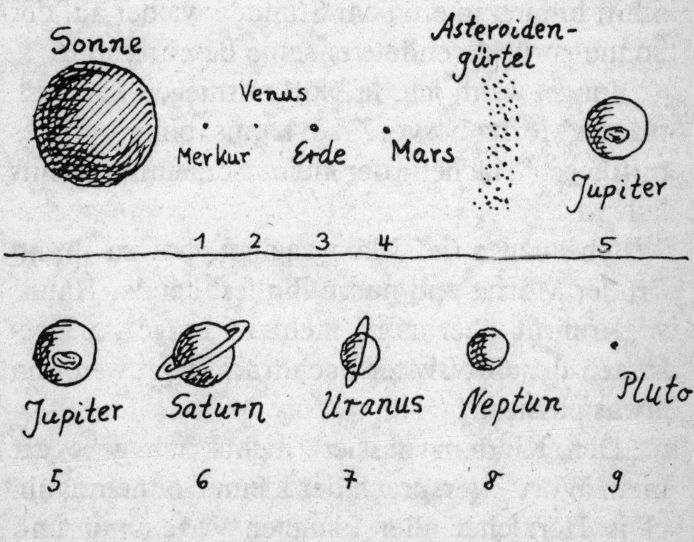

Eine Zeichnung mit dem Feuerfinger

Bevor es der Großvater verhindern konnte, zeichnete der kleine Sonnenmann mit seinem Feuerfinger schnell die Sonne und die neun Planeten an die weiße Wand, und erklärte den Kindern und Korbinian den Reiseweg.

„Mit meinem lichtstrahlschnellen Heliumschiff bin ich in ein paar Stunden wieder auf der Sonne zurück", endete er seine Beschreibung.

„Junge, wenn ich da bloß mitfliegen könnte", platzte Moritz hervor. „Du kannst ohne weiteres mitfliegen", lächelte der kleine Sonnenmann einladend.

„Ich auch", rief Maxi zaghaft, lief zu ihrem Bruder Moritz und nahm ihn fest bei der Hand.

„Kommt überhaupt nicht in Frage", widersprach der Großvater nachdrücklich, „wenn da etwas passiert."

„Den Kindern passiert nichts, ich gebe dir mein Wort", versprach der kleine Sonnenmann. „Die Herrscher aller Planeten wagen mir und meinen Begleitern nichts anzutun. Ich bin schließlich der Herr der Sonne, und die Fürsten der Planeten sind demzufolge meine Untertanen."

„Ja, bitte, lieber Großvater, laß uns doch mit", riefen Moritz und Maxi bettelnd wie aus einem Mund.

„Ihr habt ja nicht einmal Raumanzüge", winkte Korbinian beschwichtigend ab, „seid doch vernünftig, Kinder!"

„Sie brauchen keine Raumanzüge", erklärte der kleine Sonnenmann. „Meine Freundin, die Sonnenfee Glitziglunk, kann mit einem Zauberspruch nämlich jeden Menschen weltraumfest machen. Dann schadet ihm weder meine Hitze noch die größte Kälte. Die Kinder können auch dort atmen, wo es keine Luft gibt. Sie sind nämlich von einem unsichtbaren Panzer umgeben. In ihm werden sie sich wohl fühlen wie hier auf der Erde."

„Wenn das so ist", überlegte Korbinian. „Ach, bitte, Großvater, laß uns doch mit", bettelten die Kinder abermals.

„Und du versprichst mir wirklich, kleiner Sonnenmann", erkundigte sich Korbinian, „daß die beiden wohlbehalten zu mir zurückkommen?"

„Das verspreche ich dir bei meinem hunderttausend Jahre dauernden Leben", versicherte der kleine Sonnenmann.

„Nun, dann meinetwegen“, brummte der Großvater und gab sich geschlagen.

„Wir müssen jetzt gleich losfliegen“, drängte der kleine Sonnenmann, „die Zeit ist knapp. Bitte, lieber Großvater Korbinian, stelle den Spiegel in etwa drei Stunden fertig. Dann werden wir von unserer Reise zurück sein.“ Der Großvater versprach, sein Bestes zu tun.

Der kleine Sonnenmann winkte den Kindern. Maxi und Moritz folgten ihm mit klopfenden Herzen zum Heliumschiff. Der kleine Sonnenmann öffnete die Einstiegshaube. Da schwirrten ihm glitzernde, funkelnde Strahlen entgegen. „Das muß die Sonnenfee Glutzerglink sein“, flüsterte Moritz. „. . . Glitziglunk“, verbesserte ihn seine Schwester Maxi.

Der kleine Sonnenmann sprach kurz mit Glitziglunk. Die schwirrte sofort auf die Kinder zu und zirpte mit ihrem feinen Stimmchen den Zauberspruch:

„Hurrazirr und Hurrazipp,
Panzerhaut die Kinder umgib!“

Im selben Augenblick spürten Maxi und Moritz, wie sich eine zarte, unsichtbare Haut schützend um sie legte. Der kleine Sonnenmann schien plötzlich keine Hitze mehr abzustrahlen. Die Kinder folgten seinem Wink und stiegen in das Sonnenschiff. Die Luke schloß sich. Der Großvater stand an der Tür und hob mit sorgenvollem

Gesicht die Hand zum Gruß. „Wer weiß, was die beiden erleben werden“, murmelte er. Die Kinder winkten lachend zurück.

Schon stieg das Raumschiff hoch, schnell und schneller, und bald flog es weit über der Erde.

„Wohin geht es denn zuerst?“ fragte Maxi.

„Zum Planeten Mars“, antwortete der kleine Sonnenmann. „Aber vorher werdet ihr gleich die Wächter dieses Planeten zu Gesicht bekommen ...“

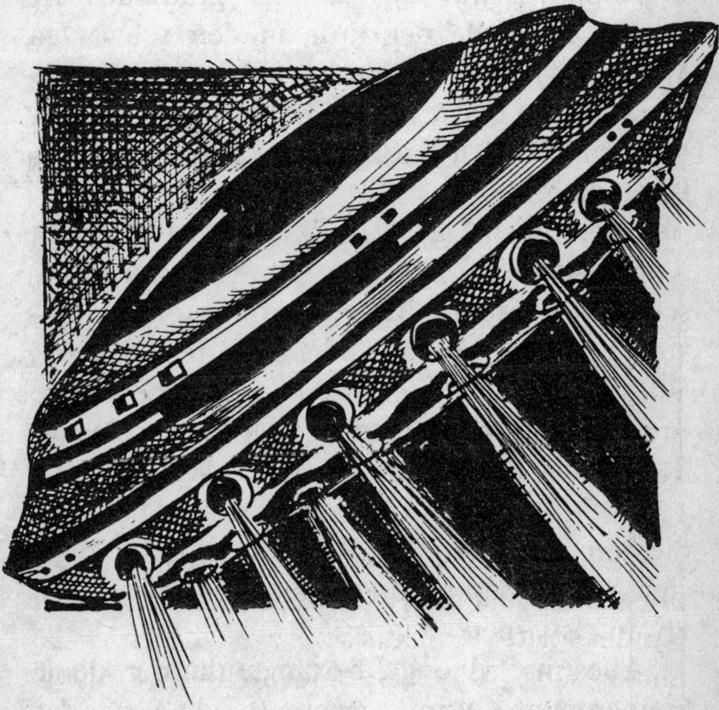

Die kleinen grünen Männchen

Die beiden Kinder hörten aber nicht recht zu. Das Sonnenschiff flog nämlich gerade aus der blauen Lufthülle der Erde in den schwarzen Weltraum hinaus. Erstaunt starrten sie in die unergründliche Finsternis. In weiter Ferne erblickten sie Millionen von Sternen und die hell glühende Sonne.

Unter ihnen lag die Erdkugel. „Ist sie nicht wunderschön“, fragte Maxi ihren Bruder. „Ja, schau, wie blau das Meer ist“, rief Moritz begeistert. „Und die vielen Länder mit ihren Wäldern, Wiesen und den Menschen. „Ich liebe unsere Erde“, rief Maxi begeistert, „sie fliegt wie ein großes, rundes Raumschiff durch das Weltall.“

Rasch wurde die Erde nun kleiner. Aber auch die Sonne schrumpfte. „Was ist los?“ erkundigte sich Moritz besorgt und deutete auf die beiden Himmelskörper.

„Alles in Ordnung“, beruhigte ihn der kleine Sonnenmann. „Wir fliegen nur so schnell wie das

Licht von der Sonne weg. Die Erde liegt näher bei der Sonne als der Mars, zu dem wir jetzt wollen. „Schaut dorthin, da seht ihr ihn schon auftauchen.“ Tatsächlich, die Kinder entdeckten eine rote Kugel.

„Auf dem Mars brennt es“, rief Moritz erregt. „Nein“, erklärte Glitziglunk. „Das ist doch nur der rote Marsstaub.“ „Aber der hat ja zwei Monde, nicht bloß einen wie unsere Erde“, staunte Maxi. Glitziglunk nickte.

Plötzlich klopfte es unten an das Heliumschiff: Poch-poch-poch! „Sie sind da“, sagte der kleine Sonnenmann.

„Wer ist da?“ fragte Maxi verwirrt. „Unsere Schutzpolizei vom Mars“, antwortete der kleine Sonnenmann und öffnete die untere Einstiegsluke.

Vier armlange grüne Männchen kletterten in das Raumschiff. Jedes hatte kurze Beinchen, darauf einen grünen würfelförmigen Körper mit einem halbkugelgleichen Kopf, auf dem zwei lange Fühler saßen.

„Wer seid ihr, und wohin wollt ihr?“ fragte das erste Männchen mit krächzender Stimme.

„Ich bin der kleine Sonnenmann mit meinen Freunden, und ich will zu euerem Gebieter, zu Mars, dem Herrn des Krieges.“

Die vier grünen Männchen flüsterten eifrig miteinander. Dann verneigten sie sich und krächzten: „Sei uns willkommen, Herrscher der Sonne. Wir grüßen dich und deine Begleiter. Unsere Namen sind Mu, Pu, Su und Ku. Wir bringen euch zum Herrn des Krieges. Folgt unserem Raumboot."

Die vier grünen Männchen verließen durch die untere Luke das Sonnenschiff. Kaum waren sie verschwunden, rief Maxi: „Seht nur das Raumboot vor uns. Es hat ganz viele lustige, kunterbunte Lämpchen, die abwechselnd aufblinken."

„Mit ihnen zeigen sie uns den Weg zum Landeplatz auf dem Mars", erklärte der kleine Sonnenmann.

„Wie lange haben wir jetzt eigentlich von der Erde zum Mars gebraucht?" erkundigte sich Moritz.

„Nur vier Minuten", brüstete sich Glitziglunk. „Zu Fuß wären wir auf dem gleichen Weg 1800 Jahre unterwegs gewesen."

Die Kinder staunten. Das Heliumschiff schwebte nun bereits über dem Mars. Es war tatsächlich ein roter Planet, eine rostrote Wüstenwelt. Rötliche, turmartige Vulkanberge erhoben sich riesenmächtig, und dazwischen lagen rotbraune Felsschluchten. Sogar der Himmel leuchtete orangerosa.

Behutsam landete das Raumboot der grünen Männchen, und gleich daneben setzte das Sonnenschiff auf. Staunend kletterten die Kinder aus der Kabine und betraten die Oberfläche des Planeten Mars. Es war eine rotbräunliche Ebene, eine trockene Gebirgswüste, die mit unzähligen großen und kleinen Felsbrocken übersät war.

„Seid froh“, erinnerte Glitziglunk die Kinder, „daß euch der Zauberpanzer schützt, sonst würdet ihr hier sofort erfrieren. Es ist nämlich auf dem Mars immer eiskalt.“ „Und außerdem“, fügte der kleine Sonnenmann hinzu, „gibt es hier oben auch keine Luft zum Atmen wie unter eurer Weltraumhaut.“

Während die Kinder noch wie gebannt dastanden, ertönte plötzlich ein Gebrüll, als ob 10 000 Männer auf einmal losschrien, und ein heftiger roter Staubsturm begann einherzubrausen.

Die Kinder fuhren erschrocken herum. Der kleine Sonnenmann beruhigte sie: „Habt keine Angst, wer da so wild herantobt, ist . . .“

Mars, der Herr des Krieges

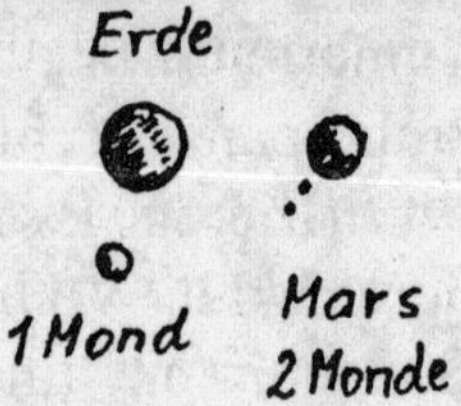

In einem goldenen Fahrflugzeug ohne Räder zischte er auf die Besucher zu. Er stand aufrecht, bekleidet mit einem roten Raumanzug, und brüllte wie ein Rudel jagender Wölfe.

Der kleine Sonnenmann und Glitziglunk nahmen die zitternden Kinder in ihre Mitte. Moritz fragte mit banger Stimme: „Wer fährt da auf dem Gleiter mit dem Mars noch alles mit?"

„Hinter ihm", erzählte Glitziglunk, „sitzen seine beiden Söhne Deimos und Phobos, die den Leuten gerne Angst und Schrecken einjagen. Ihnen gehören auch die zwei Monde, die den Mars umkreisen. Links neben ihm sitzt seine Schwester, die streitsüchtige Eris. Und rechts von ihm steht seine Frau Enyo, die Herrin des Krieges. Aber uns werden sie bestimmt nichts tun."

Inzwischen war der Gleiter ganz nahe herangekommen. Mit einem Ruck, daß die roten Staubwolken nur so herumwirbelten, hielt er knapp vor den Besuchern.

Mars sprang aus dem Wagen und brüllte: „Wer seid ihr? Was wollt ihr Zwerge?"

Laut entgegnete der kleine Sonnenmann: „Halt deinen Mund, Mars, vor dir steht der Herrscher der Sonne mit der Sonnenfee und zwei Menschenfreunden!"

Heimlich sprangen Deimos und Phobos aus dem Wagen direkt auf Maxi und Moritz zu und kreischten, daß die Kinder vor Entsetzen die Augen aufrissen. Aber Glitziglunk blitzte nur einmal grell auf, und schon purzelten die beiden Marssöhne, wie von einer Faust getroffen, zum Gleiter zurück. Vater Mars war zunächst ganz verdutzt, dann aber tobte er los: „Was wagt ihr Würmer! Ha, du willst der Sonnenherrscher sein! Ich vernichte euch!"

Mit polternden Schritten stampfte er auf die Besucher zu. Schnell zog der kleine Sonnenmann einen glühenden Stein aus seinem Feuerleib und hielt ihn dem Mars entgegen. Geblendet hob Mars seine Hand vors Gesicht und wankte taumelnd zurück. Mit etwas leiserer Stimme murrte er: „Tatsächlich, du hast den Großen Sonnenstein! Ich grüße dich, Herrscher der Sonne. Was willst du von mir, sprich!"

Der kleine Sonnenmann erzählte ihm kurz von der Gefahr des Sonnendrachens. Am Ende seiner Rede bat er: „Nun brauche ich den Mars-Edelstein. Deshalb bin ich zu dir gekommen."

Da lachten die rotgekleideten Marsweiber kreischend los, und die beiden rothaarigen Marsbuben schnitten ekelhafte Grimassen. Auch Mars selbst lachte schallend und gröhlte: „Den Edelstein gebe ich dir gerne. Aber weißt du eigentlich, kleiner Sonnenmann, daß der Edelstein nicht mehr weiß leuchtet, sondern längst schon schwarz geworden ist!“

Betroffen blickte der kleine Sonnenmann auf den kohlschwarzen Edelstein, den ihm Mars grinsend vor die Füße warf.

„Warum ist er schwarz?“ fragte der kleine Sonnenmann mit bedrückter Stimme. „Ganz einfach“, schrie Mars, „weil die Menschen auf der Erde so viele Kriege gegeneinander führen!“

„Ja“, mischte sich Enyo, die Herrin des Krieges, ein, „und weil sich die Menschen auf der Erde tagtäglich enorm vermehren, werden sie sich bald schon zu Tode trampeln!“

Nun ließ sich auch die Streithexe Eris vernehmen: „Hast du nicht gehört, wie gerne die Menschen auf der Welt miteinander streiten? Sogar die Kinder kriegen sich schon in die Haare. Nur weiter so! Mir macht das Spaß!“

Nun fingen auch noch Phobos und Deimos zu plärren an: „Und alle Menschen auf der Welt leben deshalb in Angst, Schrecken und Furcht!“ „Weil sich die Menschen so schlecht benehmen“, schimpfte Mars nun als letzter, „aus diesem

Grund ist der helle Edelstein so schön schwarz geworden! Nimm ihn nur, Herrscher der Sonne, und fliege weiter!“

Mit einem Satz sprangen Mars, seine Weiber und seine zwei Söhne in den Kriegsgleiter zurück. Kreischend, brüllend und tobend verschwand das Fahrzeug mit den Marsungeheuern in einer riesigen blutroten Staubwolke so schnell, wie es gekommen war. Im Nu war der Spuk vorbei, und es herrschte fast wieder Ruhe, nur der rote Staubsturm pfiff noch ein wenig.

Betrübt kletterte der kleine Sonnenmann in sein Raumschiff zurück, Glitziglunk und die verängstigten Kinder folgten ihm rasch.

„Ich hoffe“, murmelte er, „daß wir nicht auf allen Planeten schwarze Edelsteine bekommen, denn sie haben keine Zauberkraft mehr gegen den Sonnendrachen, da ihre Glut erloschen ist.“

Maxi schniefte leise und wimmerte: „Ich will wieder nach Hause.“ Glitziglunk beruhigte sie: „Es ist uns doch nichts passiert. Glaube mir, wir treffen nicht nur solche gehässigen Flegel. Es gibt im Weltraum freundlichere Wesen als dieses wüste Gesindel!“

Schnell stieg das Sonnenschiff in die Höhe und flog, vorbei an dem Raumboot der vier grünen Marsmännchen Mu, Pu, Su und Ku, mit Lichtgeschwindigkeit weiter. Der kleine Sonnenmann lächelte den Kindern aufmunternd zu und sagte:

„In etwa elf Minuten werden wir eine neue Überraschung erleben, dann erreichen wir nämlich . . .“

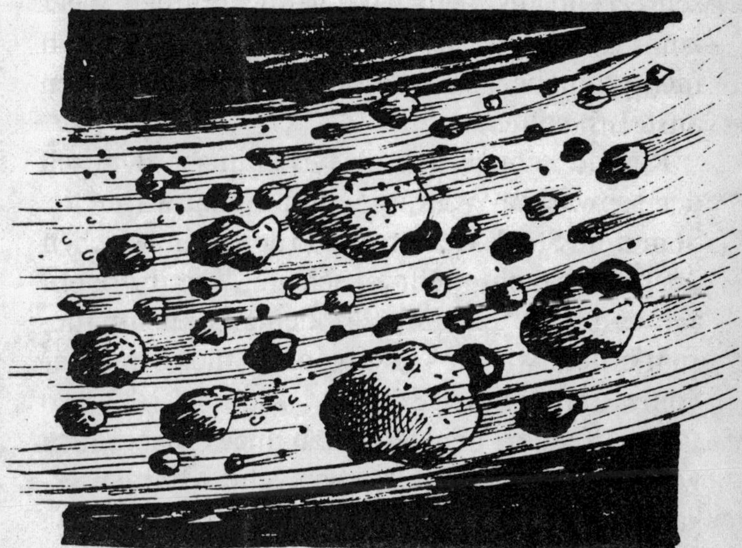

100 000 fliegende Felsen

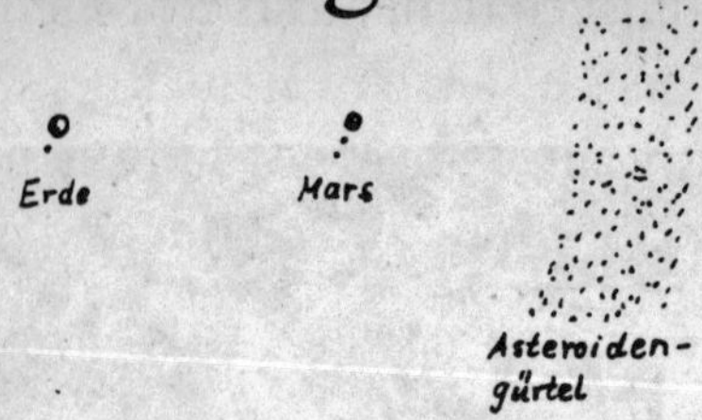

Maxi und Moritz machten erschrockene Gesichter.

Schnell gab Glitziglunk den Kindern Bescheid. „Wißt ihr, diese fliegenden Felsen sind kleine Brocken aus Stein und Metall, also sozusagen Planetenzwerge. Die umkreisen die Sonne so, wie die großen Planeten auch. Das sieht zwar erschreckend aus, wenn wir dorthin kommen. Aber zum Glück können sie unserem Sonnenschiff nichts anhaben, selbst wenn uns einer von ihnen anstoßen sollte."

Rasend schnell glitt das Heliumschiff durch den schwarzen Weltraum, und wieder wurde die Sonne ein Stück kleiner. Die Erde war inzwischen überhaupt nicht mehr zu sehen. „Wie ihr beobachten könnt", meinte der kleine Sonnenmann, „entfernen wir uns Stück um Stück von der Sonne und von der Erde."

Die Kinder blickten jetzt angestrengt nach vorne, und, tatsächlich, nach zehn Minuten erkannten sie die ersten der 100 000 Planetenzwerge. Manche waren nur so groß wie ein Klassenzimmer, andere so klein wie Schneebälle oder oft nur wie Kieselsteine. Das Sonnenschiff fuhr mitten in den Felsenschwarm hinein. Ein paar Brocken prallten sogar an das Sonnenschiff. Sie spritzten aber sofort zur Seite und rasten ins Nichts davon.

„Da!“ rief Moritz aufgeregt und zeigte mit zitternder Hand nach vorne. „Unglaublich! Sehe ich recht? Da kommt uns ein riesiger Planetenzwerg, ach was, Zwerg, ein ungeheuerer Planetenriese entgegen!“

Und wirklich, ein gewaltiger Brocken, so groß wie 100 mächtige Gebirge auf einmal rollte langsam auf das Raumschiff zu.

„Wollen wir auf diesem Zwergplaneten zwischenlanden?“ erkundigte sich Glitziglunk ganz ruhig. „Wenn du meinst“, antwortete der kleine Sonnenmann und setzte zur Landung an. „Wir können dann die Kinder bei dieser Gelegenheit mit unserer alten Freundin bekannt machen, sie heißt . . .“

Ceres, die Fürstin der Ordnung

Sanft setzte das lichtstrahlschnelle Heliumschiff auf dem Planetoiden Ceres auf. Nicht unweit von der Landestelle saß auf einer hohen Erhebung eine graugewandete Frau. Sie blickte unablässig durch ein großes Fernrohr.

„Hallo, Ceres“, rief Glitziglunk, „wie geht es dir, alte Weltraumamsel!“ Die Frau drehte sich verwundert um. Als sie aber die Besucher erkannte, kam sie ihnen freudestrahlend entgegen und umarmte sie.

„Willkommen, liebste Glitziglunk und lieber kleiner Sonnenmann! Schön, daß ihr mich wieder einmal besucht!“ „Schade“, seufzte der kleine Sonnenmann, „daß du keinen Planeten-Edelstein vergeben kannst, liebe Ceres. Von dir bekämen wir sicher einen strahlend weißen.“ „Was ist denn geschehen?“ wollte Ceres teilnahmsvoll wissen.

Glitziglunk erzählte ihr das Wichtigste, und der kleine Sonnenmann zeigte den schwarzen

Edelstein und beschwerte sich: „Stell dir vor, dieser widerliche Marsesel wirft mir diesen schwarzen Klumpen vor die Füße. Warum, willst du wissen, nun weil angeblich die Menschen auf der Erde so schlecht seien.“

Ceres nickte plötzlich ernst und sagte: „Sei mir nicht böse, lieber Sonnenmann, aber der Mars hat da nicht so ganz unrecht. Auf der Welt geht es zur Zeit wirklich nicht besonders lustig zu.“ „Aber ...“, wollte der kleine Sonnenmann widersprechen. Ceres jedoch fiel ihm ins Wort: „Hast du denn nicht gehört, daß die Menschen auf der Erde schuld sind, daß so viele Pflanzen und Tiere langsam aussterben, weil sie einfach gedankenlos und schlampig sind, ich betone, furchtbar schlampig sind!“

„Was sollen wir Menschen denn nach deiner Ansicht tun?“ fragte Moritz zaghaft. „Ja, was denn?“ wiederholte Maxi leise.

„Ganz einfach“, erklärte Ceres den Kindern, „seht ihr, ich sorge hier für Ordnung unter 100 000 fliegenden Planetenzwergen, damit nichts passiert. Ich kann euch und euren Mitmenschen nur raten, wieder mehr auf etwas Ordnung und Sauberkeit zu achten, dann werden zweifellos viele Tiere und Pflanzen vor dem Aussterben zu retten sein, aber nur dann! – So, nun muß ich aber selbst wieder unter meinen Planetenzwergen nach dem Rechten sehen, denn nur andauernd reden nützt nichts, tun muß man die

Dinge, ja tun! Ich wünsche euch eine gute Reise und viel Erfolg. Und bitte, besucht mich bald wieder!"

Mit diesen Worten eilte Ceres auf ihren Aussichtsplatz zurück und blickte wieder unverwandt durch das große Fernrohr, um nach dem Rechten zu sehen.

Der kleine Sonnenmann, Glitziglunk und die Kinder aber setzten ihre Reise im Sonnenschiff fort. Nach sechs Minuten hatten sie den Ring der 100 000 fliegenden Felsen durchflogen, und um sie breitete sich abermals tiefe Nacht aus.

Mit einer Kopfbewegung machte der kleine Sonnenmann die Kinder auf eine neue Sensation aufmerksam: „Seht ihr, dort kommen schon unsere nächsten Begleiter."

Ein gewaltiges Raumschiff, unvorstellbar breit und aus glänzendem weißen Metall, schwebte lautlos heran. Moritz und Maxi blickten fragend auf den kleinen Sonnenmann. Der gab bereitwillig Auskunft: „Wir treffen jetzt auf . . ."

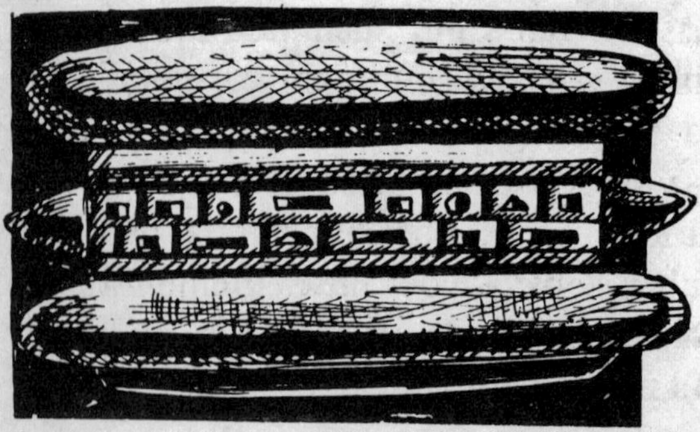

Das riesengroße Kampfschiff

Der kleine Sonnenmann schaltete nun in seinem Raumschiff den Fernseher an. „Wißt ihr“, unterrichtete er die Kinder, „der Kommander des riesengroßen Kampfschiffes Galaktia und die Mitglieder seiner Besatzung sind über drei Meter groß, so daß sie nicht wie die kleinen grünen Männchen in unser enges Sonnenschiff hereinkommen können. Wir verständigen uns deshalb mit ihnen über den Bildschirm.“

Im gleichen Augenblick erschienen auf dem Fernsehschirm drei wuchtige, unheimliche Gestalten in schwarzen Raumanzügen.

„Das in der Mitte ist der Kommander, neben ihm stehen seine beiden Flügeladjutanten“, erklärte Glitziglunk. Der Kommander der Galaktia hob soeben wortlos seinen schwarzen Arm und machte eigenartige Zeichen in die Luft.

„Er fragt“, übersetzte der kleine Sonnenmann, „was wir wollen und wer wir sind.“

Der kleine Sonnenmann machte nun mit sei-

nen Flammenarm gleichfalls rätselhafte Bewegungen. Er erzählte dem Kommander des Kampfschiffes auf diese Weise das Wissenswerte. Anschließend antwortete der Kommander in der Zeichensprache.

„Er sagt“, dolmetschte der kleine Sonnenmann, „daß er uns jetzt ansaugen und zum Planeten Jupiter bringen wird.“

Wie von einem Magneten angezogen wurde das Heliumschiff unwiderstehlich von dem riesengroßen Kampfschiff angesaugt. Es flog näher und näher, bis es schließlich an der Oberseite der Galaktia so festhing, als sei es angeklebt.

„Können wir denn nicht alleine fliegen?“ protestierte Moritz leise. „Nein“, sagte der kleine Sonnenmann kurz und bestimmt.

Die Kinder verfolgten gebannt alle Geschehnisse. Nun setzte sich das Kampfschiff in Bewegung. Was die Kinder Sekunden später erblickten, ließ sie erbeben. Ein riesengroßer Planetenkoloß tauchte in der Ferne auf. Er leuchtete orange-rot und hatte blaue, weiße, gelbe und braune Streifen. Auf der unteren Hälfte prangte ein auffälliger roter Fleck.

Das also war er, der riesigste aller Planeten, der Planet Jupiter. Je näher die Galaktia mit dem angesaugten Sonnenschiff kam, um so größer wurde die Kugel.

„Ja hört der denn gar nicht mehr zu wachsen

auf?" keuchte Moritz, und seine Schwester Maxi sperrte Mund und Augen auf.

„In diesem gigantischen Planeten", wußte der kleine Sonnenmann, „hätten gut und gerne 1300 Planeten von der Größe euerer Erde Platz."

„Und was ist das für ein riesengroßer roter Fleck", staunte Maxi, „ist das etwa gar sein Muttermal?"

„Der große rote Fleck", erzählte Glitziglunk, „ist ein gewaltiger Wirbelsturm. Der ist so lang und breit, daß die ganze Erde dreimal in ihm Platz hätte."

„Übrigens", ergänzte der kleine Sonnenmann, „müßt ihr euch schon wieder bei Glitziglunk für euren Zauberweltraumanzug bedanken."
„Warum das?" fragte Moritz verlegen.

„Wieviel wiegst du?" fragte der kleine Sonnenmann statt einer Antwort zurück. „Ich weiß nicht genau, ich glaube 30 Kilo", schätzte Moritz.

„Nun", schmunzelte der kleine Sonnenmann, „auf dem Planeten Jupiter würdest du fast dreimal soviel wiegen wie auf der Erde – ohne Zauberpanzer versteht sich." Moritz verstand das nicht. Deshalb fügte der kleine Sonnenmann hinzu: „Je größer nämlich ein Planet ist, um so mehr wiegt man auf ihm."

Die Kinder kamen aus dem Staunen überhaupt nicht mehr heraus.

„Nun zählt mal schön", forderte Glitziglunk

die beiden auf und nickte mit dem Kopf zum Fenster hinaus.

„Eins, zwei, drei ... acht, neun, zehn ... zwölf, dreizehn ... sechzehn", zählten Maxi und Moritz mit zitternden Stimmen. „Der Jupiter hat ja sechzehn Monde, nicht bloß einen wie unsere Erde", erkannten die Kinder verblüfft.

„Richtig", lobte sie Glitziglunk, „und nun guckt euch mal die Farben der Monde an. Seht ihr, der dort ist orange-rot, der andere blaß-orange, der hier ist bräunlich, und der da vorne sieht aus wie eine funkelnde Christbaumkugel."

Immer näher kam inzwischen das riesengroße Kampfschiff, an dem immer noch das Heliumschiff klebte, an den Jupiter heran, der zu einer gewaltigen, runden Riesenkugel angewachsen war. Eine Viertelstunde war vergangen.

„Zu wem wollen wir eigentlich auf diesem Weltraumkoloß?" fragte Moritz.

„Hier erwartet uns", entgegnete der kleine Sonnenmann, „ein Riese wie aus einem Märchen ..."

Jupiter, der Planetenkaiser

Die Galaktia machte sich zur Landung bereit. Sie sank durch einen dünnen Gasnebel hinunter, durchstieß gefrorene Wolken und Eisschichten, daß es nur so knackte und krachte. Schließlich flog sie durch einen Tröpfchenregen und landete endlich auf dem – nein, nicht auf dem Jupiterboden, denn die ganze Oberfläche dieses Planeten war flüssig –, sie setzte, patsch, auf einem glühendheißen Wasserstoffmeer auf.

„Versteht ihr jetzt", gab der kleine Sonnenmann zu bedenken, „weshalb wir hier herunter nicht allein fliegen konnten?"

„Weil wir sonst", murmelte Maxi, „in diesem glühenden Meer ertrunken und verbrannt wären."

Auf einmal jagten die farbenprächtigen Wolken über ihnen davon, quollen umher und stießen tosend zusammen. Ein Wirbelsturm brach los mit einer Geschwindigkeit von über 500 Stundenkilometern. Grelle Blitze zuckten über

den Wolken auf. Das Unwetter wütete wie in der Hölle.

Und dann war es soweit. Dröhnend stampfte er daher, durch Blitz und Donner, Jupiter, der Planetenkaiser. Ein kirchturmhoher schwarzer Riese mit einem roten Fleck auf der Brust trampelte mit donnernden Schritten durch den glühenden Brei. Weit vor dem riesengroßen Kampfschiff Galaktia blieb er stehen, und seine tiefe schallende Stimme drang in die Kabine des Sonnenschiffes: „Ich weiß, kleiner Sonnenmann, warum du zu mir kommst. Sei mir willkommen. Mein Weltraumzyklon bringt dir gleich den Edelstein, den du wünschst."

„Ist er weiß oder schwarz?" erkundigte sich der kleine Sonnenmann.

„Auf der Erde", dröhnte die Stimme Jupiters herüber, „gibt es derzeit viele Hungersnöte. Tausende von Menschen verhungern, und niemand hilft ihnen. Viele aber leben auch im Überfluß, und sie werfen Brot und andere Nahrungsmittel sogar noch fort. Hunderte gehen elend in Armut zugrunde, aber viele haben alles, was ihr Herz begehrt. Doch die Reichen helfen den Armen nicht. Die Satten lassen die Hungernden sterben."

„Also", rief der Sonnenmann verzweifelt, „auch du gibst mir einen schwarzen Edelstein zum Zeichen dafür, daß die Menschen schlecht sind."

„Ich glaube“, erscholl Jupiters Antwort, „daß es unter den Menschen trotz allem noch Liebe gibt. Sie wird und muß Hunger und Armut, Krieg und Haß besiegen. Weil ich an die Liebe der Menschen glaube, deshalb ist mein Edelstein weiß geblieben.“

„Hurra“, jubelten da der kleine Sonnenmann, Glitziglunk, die Sonnenfee, und die Kinder.

Nun rauschte es in der Luft, und der Weltraumzyklon, ein schwarzer Vogel, der aussah wie ein Riesenadler, segelte auf breiten Schwingen durch den Wirbelsturm auf das Heliumschiff zu. Er steckte seinen großen, krummen Schnabel durch die obere Sichtklappe und ließ Jupiters weißen Zauberedelstein in das Sonnenschiff fallen.

„Wir danken dir“, rief der kleine Sonnenmann selig.

„Ich wünsche euch viel Glück“, scholl es aus Jupiters Mund zurück.

Immer noch heulte der Orkan, tausend Blitze zuckten auf, das Unwetter toste und tobte. Rasch erhob sich das große Kampfschiff Galaktia aus dem wüsten Treiben und flog in die Höhe. In wenigen Sekunden waren sie der brodelnden Hölle entronnen.

Bald schon waren sie weit genug vom Planeten Jupiter entfernt. Das große Kampfschiff klinkte die Halterung aus und ließ das Heliumschiff endlich wieder alleine weiterziehen. Frei raste es hinaus in den Weltraum, neuen Abenteuern entgegen.

Moritz rief begeistert: „Danke, lieber kleiner Sonnenmann! Danke, liebe Sonnenfee Glitziglunk! Was meine Schwester und ich soeben gesehen haben, war das tollste, was wir je erlebt haben!“

Der kleine Sonnenmann lachte, und Glitziglunk machte freundlich „ping!“.

Die Kinder hatten gar nicht bemerkt, daß das Sonnenschiff inzwischen bereits vier neue seltsame Begleiter bekommen hatte …

Die fliegenden Untertassen

Glühend und funkelnd strichen die vier Scheiben soeben in schneller Fahrt über das Sonnenschiff hinweg. Orangerote Lichter blitzten auf, und der Lichtring um jedes Ufo pulsierte und wechselte seine Farben. Jedes war von leuchtendem Gas und Dunst umgeben.

Auf einmal schnarrte aus dem Lautsprecher im Heliumschiff eine roboterhafte Stimme: „Achtung! Ach-tung! Hier – melden – sich – Robot RX1 – Robot XY2 – Robot YZ3 – und – Robot ZA4. – Gebt – euch – zu – erkennen! – Nennt – uns – das – Kennwort."

Der kleine Sonnenmann drückte einen Knopf und antwortete: „Hier spricht der Herrscher der Sonne. Bei mir an Bord befinden sich die Sonnenfee Glitziglunk und zwei Menschenkinder. Das Kennwort weiß ich leider nicht, aber ich möchte zu euerem Herrn Saturn."

Sofort erscholl aus dem Lautsprecher wieder die näselnde Roboterstimme: „Wenn – ihr –

nicht – das – Kennwort – nennt, – müssen – wir – euch – vernichten. – Bitte – das – Kennwort, – bitte – das – Kennwort."

Der kleine Sonnenmann schüttelte verärgert den Kopf und murmelte: „Uns vernichten, das versucht mal, ihr Brüder!"

Wieder ertönte die mechanische Stimme: „Wenn – nicht – sofort – das – Kennwort – genannt – wird – eröffnen – wir – das – Feuer – auf – euer – Raumschiff. – Bitte – das – Kennwort – nennen!"

Der kleine Sonnenmann drückte auf ein paar Knöpfen herum: „Ich habe jetzt den Schutzschild eingeschaltet", informierte er die Kinder. Dann rief er in das Mikrofon: „Ich sage euch zum letzten Mal: Ich weiß das Kennwort nicht. Ich bin der Herrscher der Sonne und muß dringend zum Saturn. Laßt uns in Frieden landen!"

Keine Antwort! Totenstille! Kurze Zeit darauf schossen grelle Blitzstrahlen aus den vier Untertassen. Sie schlugen in das Heliumschiff ein. Aber das wankte nur leicht hin und her, sonst geschah nichts.

„Seht ihr", triumphierte der kleine Sonnenmann, „wie mein Strahlenschutzmantel unser Raumschiff schützt. Da kommen diese Todesstrahlen nie zu uns durch."

„Ich verstehe gar nicht", rief Glitziglunk verärgert, „daß die Roboter dich, den Herrscher der

Sonne, zu beschießen wagen. Du könntest sie doch mit einer Handbewegung vernichten."

„Ich weiß recht gut", schmunzelte der kleine Sonnenmann, „weshalb sie das machen. In den Gehirnspeichern dieser Blechmaschinen fehlen sicher wieder genaue Angaben darüber, wer der Herrscher der Sonne ist."

Unaufhaltsam schossen die vier fliegenden Untertassen ihre grellen Vernichtungsstrahlen ab. Aber dem Sonnenschiff konnten sie nichts anhaben. In der Ferne tauchte nun ein prächtiges Bild auf und lenkte die Kinder von den Ufos ab.

„Schau nur", rief Moritz, „ein neuer Planet mit Hulahupp-Reifen um den Bauch!"

Glitziglunk kicherte: „Das ist der Planet Saturn mit seinen schimmernden Ringen aus Eiskörnern. Sie umfliegen diesen Planeten wie ein gewaltiger Schwarm.

„Der Planet wird ja", rief Maxi dazwischen, „immer größer und größer! Ist der etwa auch so groß wie der Jupiter?"

„Fast, aber nicht ganz", sagte der kleine Sonnenmann, „der Saturn ist etwas kleiner. Er ist aber immerhin noch 10mal so groß wie eure Erde."

Das Sonnenschiff raste jetzt bereits durch die Ringe aus Eis- und Felsstücken hindurch und tauchte in die dichten Saturnwolken ein. Noch immer beschossen die vier fliegenden Untertassen das Heliumschiff erfolglos mit ihren Blitzkanonen.

Die Kinder zählten inzwischen die Saturnmonde.

„Der hat nur 13 Monde“, rief Maxi begeistert.

„Nein“, verbesserte Glitziglunk, „er hat mehr, einen weniger als Jupiter, also 15. Ein paar sind aber gerade hinter ihm versteckt, deshalb hast du sie nicht gesehen.“

„Und diese herrlichen Farben“, freute sich Moritz, „besonders der größte Mond gefällt mir, schau nur, der ist fast so rot wie der Mars.“

Nach 36 Flugminuten bereitete sich das Sonnenschiff auf die Landung vor. Es drang durch einen Gasnebel und landete schließlich sanft auf der Oberfläche, die aus Eismatsch bestand. Daneben setzten sich im gleichen Augenblick die vier Ufos ab.

„Bloß nicht aussteigen“, mahnte der kleine Sonnenmann, „denn darauf warten die vier Robbis nur. Die würden uns wie ein Sieb durchlöchern.“

„Ja, aber“, gab Glitziglunk zu bedenken, „wir können hier doch nicht ewig warten.“

„Nein“, beschwichtigte sie der kleine Sonnenmann, „nur solange, bis er kommt, . . .

Saturn, der Herr der Zeit

Plötzlich schob sich an jeder der vier fliegenden Untertassen eine Türe auf, und aus jeder stieg ein Roboter heraus.

„Aha“, nickte der kleine Sonnenmann, „die Herren RX 1, XY 2, YZ 3, ZA 4 zeigen sich persönlich.“

„Die sehen aber hübsch aus“, rief Maxi überrascht.

„Und jeder hat eine andere Farbe“, freute sich Moritz. „Der Rote hat zwei lange Antennen auf seinem Helm. Der Kopf des Grünen sieht aus wie ein Fußball. Die Finger des Blauen ähneln eine Schere.“

„Am nettesten finde ich den kleinen Gelben, der so dick ist“, fand Maxi.

„Der Dicke ist RX 1“, sagte der kleine Sonnenmann.

„Er ist der Chef dieser freundlichen Gruppe.“

Im Gänsemarsch staksten die Roboter auf das Sonnenschiff zu und umstellten es. Im selben Augenblick erschien hinter einer Bergzacke Saturn, der Herr der Zeit. Er war groß und spindeldürr

und in ein gelbes, wallendes Gewand gehüllt. Mit bedächtigen, schweren Schritten stapfte er durch den Eismatsch auf das Sonnenschiff zu.

„Kommt heraus aus euren Kabinen, Freunde unseres Planeten“, rief er mit wohlklingender Stimme.

Der Sonnenmann öffnete die Einstiegshaube und kletterte aus dem Sonnenschiff. Glitziglunk und die Kinder folgten. Mißtrauisch aber ließen sie unterdessen die vier Roboter nicht aus den Augen. Sie standen unbeweglich und ohne einen Laut von sich zu geben.

Saturn holte aus seinem Gewand eine kleine, goldgelbe Dose und reichte sie dem kleinen Sonnenmann. Dann sprach er: „Herrscher der Sonne, wenn ich auf die Erde der Menschen schaue, wundert es mich nicht, daß der Sonnendrachen von den zurückkehrenden Sonnenstrahlen geweckt wurde und alles zu vernichten droht. Die Menschen verschmutzen ohne Scham den Boden. Die Erde sieht aus wie ein großer Müllplatz. Dadurch wird die Nahrung mit allerlei Giften verseucht. Immer öfter werden Pflanzen, Tiere und die Menschen selbst krank. Ich, der Herr der Zeit, weiß, die Menschen werden sich, wenn sie so weitermachen, bald schon zugrunde richten. Ich weiß aber auch, daß ihnen noch etwas Zeit gegeben ist, sich und die Erde zu retten. In dieser goldgelben Schachtel ist der Edelstein, den du im

Kampf gegen den Sonnendrachen so dringend benötigst. Wir alle wollen nun abstimmen, ob er schwarz oder weiß sein soll."

„Ich stimme für weiß", sagte der kleine Sonnenmann, ohne sich lange zu besinnen.

„Ich auch", stimmte ihm Glitziglunk zu.

„Wir auch", riefen die Kinder wie aus einem Mund.

„Also viermal weiß", sprach Saturn. „Nun dürfen meine Roboter abstimmen", erklärte Saturn, und er fügte hinzu: „Wundert euch nicht, daß ich diese Maschinen abstimmen lasse. Die Menschen selbst lassen auf der Erde auch bereits Maschinen über ihr Leben bestimmen. RX 1 beginne!"

Der Roboter RX 1 schnarrte: „Schwarz!" – „Schwarz!" tönte es auch aus XY 2. Und gleich darauf ließen sich YZ 3 und ZA 4 vernehmen: „Schwarz! Schwarz!"

„Nun steht es 4mal weiß gegen 4mal schwarz", sagte Saturn leise.

„Aber du", rief der kleine Sonnenmann besorgt, „welche Farbe wählst du?"

„Ich will euch helfen", antwortete Saturn, „und wähle deshalb weiß, denn ich glaube, daß sich die Menschen noch rechtzeitig besinnen, und ihre Erde vor dem Untergang bewahren werden."

Dem kleinen Sonnenmann, den Kindern und Glitziglunk fielen Steine vom Herzen. Schnell öffnete der kleine Sonnenmann die goldgelbe Dose. Da strahlte ihm makellos weiß und glänzend der Zauberedelstein entgegen.

Saturn wandte sich zu den vier Robotern: „Entschuldigt euch für eure irrtümlichen Strahlenangriffe auf das Sonnenschiff!"

RX 1 trat vor und schnarrte gehorsam: „Wir – vier – RX 1 – XY 2 – YZ 3 – ZA 4 – entschuldigen – uns – bei – der – Besatzung – des – lichtstrahlenschnellen – Heliumschiffes. – Der – Fehler – in – unseren – Speichern – wird – sofort – korrigiert."

Nun piepte RX 1, XY 2 piepte, ebenso YZ 3 und ZA 4. „Fehler – korrigiert", meldete RX 1, und er fügte hinzu: „Wir – grüßen – unsere – Freunde – vom – Sonnenschiff – recht – herzlich – recht – herzlich – recht – herzlich – . . ."

„Reicht schon", unterbrach ihn Saturn. Die Kinder mußten das Kichern unterdrücken.

„Beeilt euch nun", riet Saturn dem kleinen Sonnenmann, „damit ihr nicht euren nächsten Begleiter versäumt! Er hat nämlich nie viel Zeit, . . ."

Der Kometenkapitän

Als das Sonnenschiff den Planeten Saturn und das Reich der Ringe verlassen hatte, blinkte es in der Ferne ganz eigenartig auf. Der nachtschwarze Weltraum hatte sich verändert. Wie immer glitzerten zwar die Sterne, und zurückliegend war auch der Saturn noch zu erkennen, aber da war noch irgend etwas anderes am Himmel.

Es sah aus wie ein langes leuchtendes Lichtband. An der einen Seite war es strahlend hell, nach der anderen Seite hin verblaßte es in der Dunkelheit. Es war ganz plötzlich aufgetaucht, und schien nun näher zu kommen und heller zu werden.

„Was hat das nur wieder zu bedeuten?" flüsterte Maxi. Ängstlich schaute sie auf das Gebilde.

„Das ist ein Komet", murmelte Moritz. „Unser Großvater erzählte mir einmal, daß er Unglück bedeuten würde: Krieg oder Hungersnot oder Seuchen. Oder sogar das Ende der Welt."

„Das glabue ich nicht", lenkte der kleine Sonnenmann die Kinder von ihren dunklen Gedanken ab.

Nun war er schon ganz nahe herangekommen, der Komet. Er sah aus wie ein großer leuchtender Stern, der einen langen, schimmernden Schweif hinter sich her zog.

„Vorn seht ihr den hellen Kopf", erklärte Glitziglunk. „Und hinter sich zieht er eine leuchtende Gas- und Staubwolke her. Die kann bis zu 100 Millionen Kilometer lang sein. Deshalb nennt man einen Kometen auch einen langhaarigen Stern."

„Dort sitzt ja einer auf dem Schweif", riefen die Kinder.

„Das ist der Kometenkapitän", sagte der kleine Sonnenmann. „Seht nur, er winkt uns zu, wir sollen ihm folgen."

Das Sonnenschiff raste immer näher an den Kometen und an den Sitzplatz des Kapitäns heran. Jetzt war es dicht neben ihm.

Der Kometenkapitän rief durch die Einstiegsluke: „Rasch, beeilt euch, ich weise euch den Weg zum nächsten Planeten. Aber gleich muß ich euch wieder verlassen und weiter. Ich will nämlich fort und hinaus in den endlosen Weltraum. 100 Jahre muß ich reisen, bis ich dort ankommen, wohin ich will. Deshalb ist mir jede Minute kostbar."

„Wie lange brauchen wir denn zum nächsten Planeten?" rief Moritz ins Weltall hinaus.

„Eine Stunde und 20 Minuten", antwortete der Kometenkapitän.

„Nicht, wenn ich den Superstrahl Nummer 10 einschalte", widersprach der kleine Sonnenmann, „dann dauert es nur knappe acht Minuten! Die Reise vom Jupiter zum Saturn hat ohnehin zu viel Zeit in Anspruch genommen."

„Wollen wir ein Wettrennen machen?" fragte der Kometenkapitän mit unternehmungslustig aufblitzenden Augen.

„Gern", rief der kleine Sonnenmann. „Ihr, Kinder, gebt das Startzeichen."

Maxi und Moritz waren ganz aufgeregt. Ein Wettrennen im Weltall, das hätten sie sich selbst in ihren kühnsten Träumen nie vorstellen können.

Der kleine Sonnenmann griff nach dem Schalter S 10.

„Auf die Plätze!" rief Maxi.

„Fertig!" rief Moritz.

Beide zusammen brüllten: „Los!"

Ein Druck am Schalter – und die Kinder drückte es in ihr Sitze zurück, daß ihnen Hören und Sehen verging. Die Luft blieb ihnen weg. Mit zehnfacher Lichtgeschwindigkeit rasten sie durch den Weltraum. Und der Kometenkapitän auf seinem Kometen? Der hatte sich doch tatsächlich unbemerkt an das Sonnenschiff angehängt und ließ nicht mehr los, bis beide Wettkämpfer fast gleichzeitig nach acht Minuten den neuen Planeten aufleuchten sahen. Der kleine Sonnenmann drehte den Schalter S 10 ab.

„Na, du Schwindler“, drohte er lachend zum Fenster des Sonnenschiffes hinaus.

„Vielen Dank“, rief der Kometenkapitän“, „du hast mir eine Menge Zeit einsparen helfen, denn so rasch bin ich noch nie vorwärts gekommen. Und Spaß hat es außerdem gemacht. Aber seht nur, da vorn erwartet euch schon . . .

Uranus, der König des Himmels

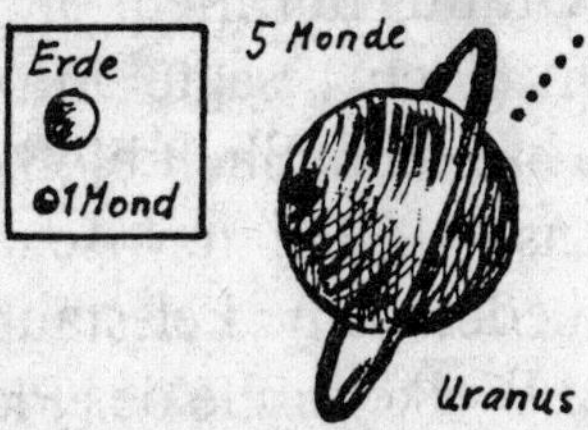

Leuchtend grün und blau war er, aber in tiefes Dunkel gehüllt. Unaufhaltsam näherte sich das Sonnenschiff dem Planeten Uranus. Die Kinder waren noch ganz blaß im Gesicht, so sehr hatte ihnen die Geschwindigkeit zugesetzt.

Der Kometenkapitän rief: „Dort seht ihr schon den Landeplatz, ich werde nun abdrehen."

Grüßend tippte er an seinen Weltraumhelm und schwenkte dann in eine andere Richtung ab. Lange zog der gleißendhelle Kometenschweif am Heliumschiff vorbei, bis er schließlich im Dunkel des endlosen Weltalls verschwunden war.

„Dieser Planet vor uns", bereitete Glitziglunk die Kinder vor, „ist ein Eisplanet. Es ist gräßlich kalt auf ihm. Aber uns und eucht acht das ja nichts."

„Seine Ringe sind unheimlich dunkel", entdeckte Maxi, „und sie stehen fast senkrecht in die Höhe."

Moritz zählte inzwischen die Monde. „Der Uranus hat fünf", verkündete er, setzte hinzu „jetzt scheinen den Planeten die Monde langsam auszugehen. Der Jupiter hatte noch 16, Der Saturn 15, aber der Uranus nur mehr 5."

„Das reicht doch", sagte Maxi bescheiden, „unsere Erde hat schließlich bloß einen."

Das Sonnenschiff flog inzwischen an den Ringen aus eisbedecktem Felsstaub vorbei und tauchte in die Wolkenhülle des Planeten Uranus ein. Neben einem Eisbrocken setzte es sich schließlich auf der trostlosen Eiswüste nieder. Ganz in der Nähe stand ein Thron aus glitzerndem Eis. Darauf saß einsam der uralte, eisgraue Uranus.

Lange schaute er wortlos aus seinen eisverkrusteten Äuglein die fremden Gäste an, die ihm da entgegengeschlittert kamen. Mehrmals nickte er ernst mit dem Kopf, bevor er mit brüchiger Stimme zu reden anfing: „Hunderttausend Jahre ist es her, seit ich das letzte Mal Besuch erhalten habe. Dennoch weiß ich, was ihr von mir wollt, weil ich alles vorauswissen kann. Keine Angst, ich gebe euch einen Edelstein, durchsichtig und weiß wie Eis."

Der kleine Sonnenmann atmete auf und verneigte sich dankbar.

„Aber", fuhr Uranus fort, „ich warne die Menschen. Denn, wenn sie so weitermachen und mit Abgasen ihre Welt verpesten, dann wird sich eines Tages das Wetter verändern. Seht her Kinder!“ Uranus hob zitternd die Hand, und seine Finger zeigten auf seinen leblosen Planeten. „Wollt ihr, daß eure Erde so vereist und tot aussieht wie mein Planet?“

„Nein“, rief Moritz erschrocken, und Maxi schüttelte ängstlich den Kopf.

„Dann, Kinder“, fuhr Urnus fort, „warnt eure Menschenbrüder, wenn ihr wieder auf der Erde seid, sie sollen die kostbare Lufthülle der Welt schonen. Sie ist einer der wertvollsten Schätze, welche die Erde hat!“

Mühsam erhob sich nun Uranus von seinem Eisthron. Mit wankenden Schritten schleppte er sich zum kleinen Sonnenmann. „Hier hast du den weißen Edelstein“, sagte der Greis und ließ den Schatz aus seiner Hand rollen. Flink fing ihn der kleine Sonnenmann auf.

„Mit diesem Edelstein“, schloß der alte Herrscher seine Rede, „will ich der Erde helfen, daß sie erhalten bleibt. Mehr kann ich nicht tun. Jetzt müssen sich die Menschen selbst bemühen, daß ihre so herrliche Welt nicht zugrunde geht. Lebt wohl!“

„Aber du kannst doch in die Zukunft sehen“, rief Maxi, „werden es die Menschen schaffen, die Erde zu retten?“

Uranus blickte auf das Kind. Wortlos drehte er sich um. Müde wankte er zu seinem Eisthron zurück und ließ sich erschöpft auf ihn niedersinken. Er neigte den Kopf, schloß seine Augen und schwieg.

Leise bestiegen der kleine Sonnenmann und seine Begleiter das Heliumschiff und verließen den eisstarren Himmelskörper. Noch ahnten sie nicht, daß jetzt besonders eigenartige Gesellen auf sie warteten . . ."

Die Weltallmonster

„Hurra“, rief Moritz, „jetzt haben wir schon drei weiße Zauberedelsteine und nur einen schwarzen, ist das nicht herrlich!“

Der kleine Sonnenmann meinte: „Freu dich nur nicht zu früh. Wir brauchen nämlich insgesamt neun.“

Keiner im Sonnenschiff bemerkte die neuen Begleiter. Es waren fünf. Sie lauerten dem Heliumschiff in einem riesigen Flugei auf. Als es vorbeiflog, öffnete sich eine Klappe, und das Sonnenschiff wurde in das Innere des Flugeis gezogen.

Der kleine Sonnenmann und Glitziglunk schüttelten lachend den Kopf, als sie die Ausstiegsluke öffneten.

Den Kindern aber verging das Lachen, als sich ihnen die fünf Weltraummonster näherten. Sie verkrochen sich lieber ängstlich hinter dem kleinen Sonnenmann.

Als erstes Ungeheuer hüpfte Goldauge heran. Unten sah er aus wie ein Pinguin. Aber, igitt, sein Kopf, schrecklich war der anzusehen: riesige goldene Augen, zwei Hörner, eine Hakenschnabelnase und ein breiter Mund. Er summte andauernd wie eine Biene.

Nun polterte Grünrachen heran. Er glich einem grünen Bären, nur war sein Maul viel breiter und vollbesetzt mit spitzen Zähnen. Er zischte wie eine Schlange.

Jetzt huschte Schlitzohr hinter einer Säule hervor. Bei ihm war alles spitz und rot: eine spitze rote Nase, spitze rote Lippen, spitze rote Ohren. Nur die Kulleraugen waren riesengroß, und mit ihnen glotzte er die Kinder an. Er konnte nicht sprechen, nur schrill pfeifen.

Als vierter platschte Schuppenflosse nach vorn. Er hatte einen schuppigen Fischkörper, ein Gesicht ohne Nase, und die Hände und Beine waren Froschfinger mit Schwimmhäuten. Wenn er den Mund auftat, gab er eigenartige Schnalzlaute von sich.

Als letzter wuselte Schnecki heran. Er war über und über mit einem gekräuselten Haarpelz bedeckt, nur zwei kugelrunde Augen blickten in die Runde. Er brummte wie ein Waschbär.

Das muß man sich einmal vorstellen. Alle fünf potthäßlich, und dann ging das so: hüpf – polter – husch – platsch – wusel – hüpf – polter – husch – platsch – wusel. So kamen sie an und zu hören war: „Summ – zisch – pfiff – schnalz – brumm!"

Es war zum Verrücktwerden, aber gleichzeitig auch irgendwie lustig.

Der kleine Sonnenmann und Glitziglunk jedenfalls kicherten vergnügt vor sich hin, und die fünf kamen näher und näher: hüpf – polter – husch – platsch – wusel – hüpf – polter – . . . Und dazu ihre süßen Stimmen: „ Summ – zisch – pfiff – schnalz – brumm!“ Einfach köstlich!

Moritz hatte Angst, und trotzdem mußte er plötzlich loslachen. Maxi fürchtete sich, und dennoch fing sie auf einmal zu kichern an, wie jeder, der das gesehen hätte, dieses: hüpf – polter – husch – platsch – wusel – hüpf – polter . . . Und dazu die herrlichen Laute: „Summ – zisch – pfiff – schnalz – brumm!“

Schließlich standen der kleine Sonnenmann, Glitziglunk, Maxi und Moritz da und hielten sich vor Lachen ihre Bäuche. Und Lachen steckt bekanntlich an. Jetzt mußten die fünf Weltraummonster nämlich auch lachen, weil sie das Lachen der Besucher so komisch fanden. Die Ungeheuer blökten los: „Oink – quatsch – harrharr – kreisch – quietsch – oink – quatsch – harrharr – kreisch – quietsch – oink . . .

Das ganze Flugei begann zu wackeln, aber es flog zielsicher weiter zum nächsten Planeten, dem blauen Neptun. Und was das tollste war, es fiel gar nicht auf, daß das Flugei mit zehnfacher Lichtgeschwindigkeit flog und deshalb für die Strecke nicht eine Stunde und 31 Minuten benötigte, sondern nur gute neun Minuten.

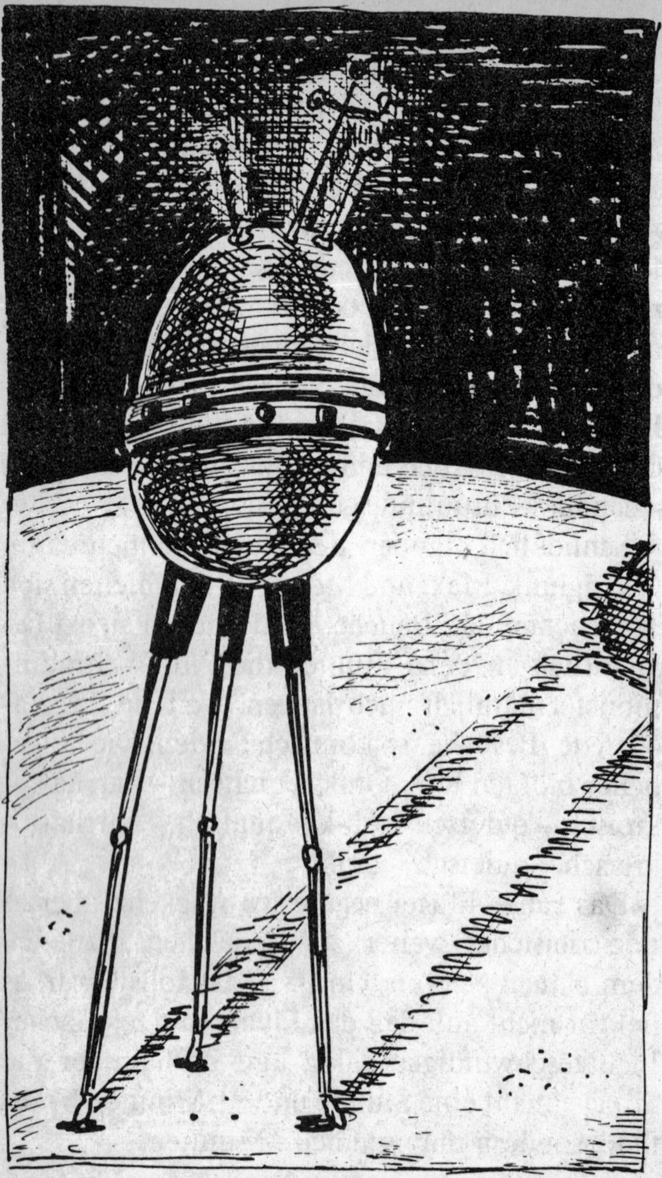

Aus dem Flugei war ein richtiges Wackel-Quietsch-Ei geworden. Denn in ihm ging es arg spaßig zu: hüpf – polter – husch – platsch – wusel– hüpf – polter ... Und dazu die Monsterstimmchen: „Summ – zisch – pfiff – schnalz – brumm!“ Jetzt das Gelächter der Sonnenschiffbesatzung: „Haha! Hihi! Oh, ich kann nicht mehr!“

Und darauf das Lachen der Ungeheuer: „ Oink – quatsch – harrharr – kreisch – quietsch!“ Und das alles in dem fliegenden Wackel–Ei. Was sollte sich da bloß das Wesen denken, das bereits seit einer Minute kopfschüttelnd vor diesem Flugei stand ...

Neptun, der Herrscher der Meere

Inzwischen war das Flugei nämlich, wie von selbst gesteuert, auf dem Eisplaneten Neptun gelandet.

Der Eisplanet war viermal so groß wie die Erdkugel und sah wie ein Bruderplanet des Planeten Uranus aus. Da er schon sehr weit von der Sonne entfernt war, herrschte eine unvorstellbare Kälte auf ihm.

Neptun, der Herrscher der Meere, öffnete ungeduldig das Flugei und verscheuchte mit seiner dreigezackten Gabel die lustigen Monsterchen.

Goldauge hüpfte erschrocken hinter einen Eisbrocken, Grünrachen verkroch sich polternd in einer Ecke des Flugeis, Schlitzohr huschte flink unter das Sonnenschiff, Schuppenflosse patschte unbeholfen auf der Eisfläche umher, und Schnecki wuselte als letzter zwischen eine Eisplatte.

Und auf einmal war es so ruhig, als wäre es nie anders gewesen. Das war auch notwendig, denn endlich schafften es der kleine Sonnenmann, Glitziglunk und die Kinder, mit dem Gelächter aufzuhören und sich Neptun, ihren neuen Gastgeber, eindringlich zu betrachten.

Er strahlte in der gleichen Farbe wie sein Planet, nämlich blaugrün. Sein Raumanzug hatte diese Färbung, ebenso sein Gesicht, sein Bart, seine Haare, seine Hände, sogar sein Dreizack, auf den er sich stützte.

Hinter ihm stand ein dunkler Raumgleiter, der die Form eines Delphins hatte. Mit ihm war er zweifellos zur Landepiste hierher gekommen.

Während der kleine Sonnenmann aus dem Flugei stieg, flüsterte Glitziglunk den Kindern zu: „Seht ihr den Dreizack Neptuns. Mit ihm kann er das dickste Eis spalten und sogar den Planeten erbeben lassen."

Die Blicke Neptuns waren drohend. Schroff zeigte er mit seinem Dreizack auf Maxi und Moritz: „Das also sind Erdenbürger", polterte er mit grollender Stimme los. „Sie sind mitschuldig an dem schlimmen Zustand der Welt!"

„Aber nein", rief der kleine Sonnenmann, „das sind doch noch Kinder!"

„Aber sie werden in ein paar Jahren selbst erwachsen sein", rief Neptun vorwurfsvoll. „Werden sie dann etwas unternehmen, um die Erde zu retten?!"

„Da-da-das werden wir", stotterte Maxi eingeschüchtert, und Moritz nickte lebhaft mit dem Kopf dazu.

„Wenn ihr es dann noch könnt", sagte Neptun streng und wandte sich zum kleinen Sonnenmann. „Es ist schlimm", klagte er, „wie die Menschen Flüsse, Seen und Meere verschmutzen. Jeden giftigen Dreck leiten sie gewissenlos in die frischen Wasser der Erde und vergiften wahllos alle Fische und Pflanzen in ihnen. Es war höchste Zeit, daß der Sonnendrachen erwachte. Die Erde ist ohnehin fast zerstört. Wahrscheinlich muß er sie gar nicht mehr vernichten."

Der kleine Sonnenmann flehte mit bittenden Augen: „Trotzdem, verehrter Neptun, du Herrscher aller Meere, benötigen wir deinen Zauberedelstein im Kampf gegen den Sonnendrachen."

„Er wird euch nicht viel nützen", rief Neptun mit Tränen in den Augen, „er hat nämlich die Farbe, welche die Flüsse, Seen und Meere auf der Erde haben. Er ist schwarz!"

Dieses Wort traf die Kinder, den kleinen Sonnenmann und Glitziglunk wie ein Schlag. Sogar die fünf Monsterchen stöhnten mitleidsvoll auf.

Neptun stampfte zornig mit seinem Dreizack auf die blaue Eisfläche, daß sein Planet zu beben begann und die Kinder von dieser Erschütterung fast zu Boden stürzten.

„Wenn die Menschen", klagte Neptun mit schmerzverzerrtem Gesicht, „so dumm sind, sich das Wasser des Lebens selbst zu zerstören, wird die Erde bald ein ebenso blaugefrorener, lebloser Planet sein wie dieser hier!"

Grußlos dreht sich Neptun um, und seine Schultern zuckten, als ob er weinen würde. Rasch stieg er in seinen Delphingleiter und startete. Der Flugkörper erhob sich und verließ den Planeten.

„Wohin mag er wohl fliegen?" rätselte Moritz betoffen.

„Hat er geweint", fügte Maxi bestürzt hinzu.

„Ich weiß es nicht", antwortete der kleine Sonnenmann.

„Um Himmels willen", rief Glitziglunk aufgebracht. „Neptun hat vergessen, uns den Zauberedelstein zu überreichen!"

Der kleine Sonnenmann erschrak. Aber im gleichen Augenblick ertönte ein Grollen. Über die kahle Eisfläche schlitterte hallend eine schwarze, faustgroße Kugel heran. Vor dem kleinen Sonnenmann rollte sie aus und blieb liegen. Der kleine Sonnenmann hob den schwarzen Edelstein auf und steckte ihn zu den anderen. Er hatte jetzt drei weiße und zwei schwarze.

Hinter ihnen huschten fast lautlos die fünf Monsterchen herbei und hoben mit ungeheurer Kraft das Sonnenschiff aus ihrem Flugei. Sie stellen es vorsichtig ab und krochen in ihr Raumschiff. Bevor sie die Türen schlossen, winkten sie traurig den vier Fremden zu. Dann stieg das Flugei auf und folgte wie der Blitz dem Delphinbegleiter Neptuns.

„Mich friert“, klagte Maxi leise, „es zieht sogar durch meinen Zauberpanzer.“

„Ja, es ist kalt geworden“, bestätigte der kleine Sonnenmann.

Sie stiegen in das Sonnenschiff und starteten. Als sie zurückblickten, drehte sich die Neptunkugel riesengroß, blau und abweisend im Raum. Die Kinder kreischten erschreckt auf. Aus der Ferne flog ihnen ein drachenähnliches Ungeheuer entgegen. „Hilfe, der Sonnendrachen“, rief Moritz, „wir sind verloren!“

„Nein“, besänftigte ihn der kleine Sonnenmann, „der Sonnendrachen ist ein ganz anderes Ungeheuer, das hier ist nur . . .

Zerberus, der Höllenhund

Das Wesen hob und senkte die weit ausladenden Drachenflügel gleichmäßig und nahm an Größe zu, je näher es kam.

„Ihr müßt keine Angst haben", beruhigte Glitziglunk die erschreckten Kinder. „Er kommt nur, um uns zum letzten Planeten zu bringen, bevor wir wieder zur Erde zurückkehren werden."

Nun war der Höllenhund direkt vor dem Heliumschiff angelangt. Er hatte drei häßliche Hundsköpfe mit verschieden gefärbten Fellen. Ein Kopf war struppig schwarz, der zweite rot und der dritte goldglänzend. Aus den drei zähnefletschenden Mäulern ertönte ein wütendes Gebell. Es klang so, als ob tausend Bluthunde gleichzeitig loskläffen würden.

„Hunde, die bellen, beißen nicht", scherzte der kleine Sonnenmann.

Anstelle des Schwanzes ringelte sich zischend eine Riesenschlange. An den Füßen hatte der Höllenhund Saugnäpfe. Mit ihnen setzte er sich breitbeinig auf das Raumschiff und saugte sich an ihm fest. Durch das Fenster glotzten alsbald die drei Hundsköpfe und zeigten gefährlich bellend die dolchförmigen Zähne. Maxi versteckte angwiedert ihr Gesicht an den Schultern ihres Bruders.

Auf einmal brüllte der goldene Zerberus-Kopf: „Ich will Gold! Gebt mir Gold!"

„Das fordert dieser gierige Hundskopf immer!" berichtete der kleine Sonnenmann. „Er liebt nämlich den Reichtum über alles."

Jetzt gröhlte der schwarze Kopf: „Ich brauche eine Krone! Ich muß einen Planeten haben! Ich will herrschen!"

„Ja, ich weiß schon", rief ihm Glitziglunk in die Fratze und streckte ihm die Zunge heraus. „Ich weiß, daß du immer nur an die Macht denkst!"

Als dritter keifte der rote Kopf: „Ich werde euch zerfleischen! Ich will Blut sehen! Ich muß euch in Stücke reißen!"

„Spiel dich nicht so auf", schimpfte der kleine Sonnenmann, „nichts als Gewalt hast du im Kopf, du dummer Köter!"

Zuletzt ließ sich der züngelnde Schlangenkopf sehen und zischte: „Ich will euer Raumschiff für mich allein! Ich gönne euch euere Edelsteine nicht!"

„Sei nicht so neidisch", tadelte sie Glitziglunk,

„und schüttelte verächtlich den Kopf. „Was willst du blöder Schwanz alleine mit unserem Raumschiff anfangen?“

„Jetzt verstehe ich“, staunte Moritz, „jeder von diesen Köpfen will also etwas anderes. Der goldene Hundskopf will Reichtum, der schwarze Macht und der rote Gewalt. Die Schlange aber ist ein Neidhammel.“

„Richtig erkannt“, bestätigte der kleine Sonnenmann. „Eine häßliche Viererbande ist das dort draußen, nicht wahr!“

„Ja“, piepste Maxi kleinlaut. „Ich halte das Gebrüll bald nicht mehr aus. Gleich muß ich weinen.“

„Aber nicht doch“, tröstete sie der kleine Sonnenmann. „Du hast recht, Maxi, wir brauchen zum nächsten Planeten nämlich ohne Superstrahl Nummer 10 eine Stunde und 20 Minuten. Wir wollen uns von den vier Wüterichen aber nicht so lange ankläffen lassen. Ich werde jetzt rasch S 10 einschalten, dann verkürzt sich der Flug auf nur 8 Minuten. Wir fliegen dann nämlich 10mal so schnell wie ein Lichtstrahl. Außerdem werden wir denen da draußen einen schönen Schrecken einjagen.“

„Prima! Toll!“ jubelten Maxi und Moritz.

„Aufgepaßt!“ rief der kleine Sonnenmann und drehte am Schalter S 10.

Ein gehöriger Ruck erschütterte das Heliumschiff, und schon preschte es mit unvorstellbarer, zehnfacher Lichtgeschwindigkeit davon. Die Kinder wurden in ihre Sessel zurückgedrückt. Aber was geschah mit Zerberus, dem Höllenhund? – Er konnte seine Saugnäpfe nicht loslassen, was er nur zu gern getan hätte. Jämmerlich winselnd hing er im Fahrtenwind. Die drei Hundsköpfe und der Schlangenschwanz schlingerten hilflos wie Fähnchen hin und her. Fast riß die Geschwindigkeit dem Ungeheuer die Drachenflügel aus. Sofort hielten alle vier Scheusale ihre freche Klappe, verdrehten die Augen und verzogen jämmerlich ihre Fratzen. Ihr klägliches Gewinsel verflüchtigte sich im vorbeirasenden Weltall.

Als die Kinder das sahen, mußten sie lachen, obwohl sie die hohe Geschwindigkeit selbst kaum ertragen konnten. Nach wenigen Minuten schimmerte ihnen grünlich-weiß der letzte Planet des Sonnenkreises entgegen. Er war kleiner als die Erde.

„Wer wird uns auf ihm empfangen?“ fragte Maxi, während der kleine Sonnenmann langsam das Tempo verringerte.

„Ein unangenehmer Geselle“, winkte Glitziglunk ab.

„Aber keine Bange, selbst er kann uns nichts antun ...“

Pluto, der Fürst des Todes

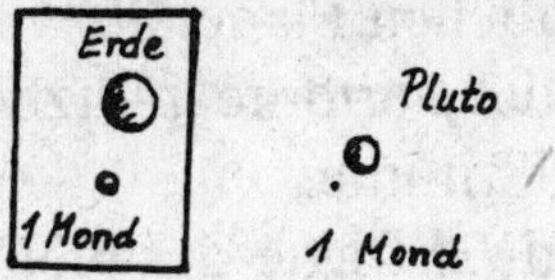

Mit gemischten Gefühlen sahen die Kinder nach unten, als das Heliumschiff auf den düsteren Planeten aus kalten, gefrorenen Gasen und Staubkörnern herunterging. Sie entdeckten am Himmel nur einen winzigen Mond, der kleiner als der Erdenmond war. Zerberus, der Höllenhund, konnte jetzt endlich seine Saugnäpfe lösen. Mit wackelnden Köpfen, aus denen die Zungen schlapp heraushingen, und mit eingezogenem Schlangenschwanz flatterte er eilig in die Finsternis fort. Es sah so aus, als wollte das Untier mit dem lichtstrahlschnellen Heliumschiff nichts mehr zu schaffen haben.

Als die Besatzung des Sonnenschiffes auf die leere, eisige, schweigsame Oberfläche dieses letzten Planeten hinaustrat, sah sie in der Ferne die Sonne nur mehr als einen winzigen roten Punkt. Auf der Erde, die nicht mehr zu erkennen war, mochte Großvater Korbinian jetzt gerade beim Mittagessen sitzen.

„So weit fort sind wir geflogen“, staunten die Kinder. Frierend schlugen sie die Arme um ihren Körper und stampften sich die Füße warm. Sogar durch den Zauberpanzer drang die tödliche Kälte dieses ungastlichen Planeten.

„Ich bin da“, ertönte plötzlich eine schneidende, harte Stimme.

„Wo bist du?“ fragte der kleine Sonnenmann und blickte sich um. Ein häßliches abgehacktes Lachen erklang.

„Der Tarnhelm macht mich unsichtbar“, fauchte die eisige Stimme. „Ich bin es, Pluto, der Herr des Todes.“

„Zeige dich“, forderte der kleine Sonnenmann.

„Gut“, sagte Pluto, „aber ich warne euch! Wer mich anblickt, muß augenblicklich sterben. Wenn ihr mit mir redet, dann wendet euere Gesichter von mir ab.“

Die Kinder gehorchten und blickten zitternd zur Seite. Im gleichen Augenblick spürten sie, wie neben ihnen eine weißliche Gestalt erschien, die aussehen mußte wie der Tod selbst. Die Gestalt hielt einen Gegenstand von sich gestreckt, der einer metallglänzenden Sense ähnelte.

„Die Erde“, begann Pluto zu sprechen, „ist ein Planet des Todes. Das haben euch schon die Herrscher der anderen Planeten bestätigt. Was soll ich deshalb viele Worte verlieren. Aber nicht der Tod läßt die Welt sterben, es sind die Menschen selbst. Ihr erwartet, so hoffe ich, von mir keinen weißen Edelstein. Mein Stein für euch ist seit langem schon schwarz. Ich lege ihn in euer Raumschiff."

Mit unheimlich klopfenden Schritten stapfte Pluto, der Fürst des Todes, zum Heliumschiff. Es knackte und raschelte. Ein häßliches Gelächter zerriß die Stille.

„Lebt wohl – wohl – wohl –", erscholl Plutos Stimme, langsam in der Ferne verhallend.

Erschrocken drehte sich der kleine Sonnenmann um, nach ihm Glitziglunk und die Kinder. Pluto war verschwunden. Aber was war nur mit dem Sonnenschiff geschehen? Über und über mit Eis bedeckt, stand es festgefroren auf der Oberfläche des Planeten.

„Wie sollen wir von hier bloß wieder wegkommen?" rief Glitziglunk verzweifelt.

Maxi und Moritz fingen vor Schreck gleich zu schluchzen an.

„Dieser Satansbraten", schimpfte der kleine Sonnenmann zornig. „Ich wußte ja, daß er einen von seinen tödlichen Scherzen mit uns machen würde! Aber ruhig Blut, Kinder! Ich bringe das schon wieder in Ordnung. Paßt auf, ich erkläre euch meinen Plan. Ich werde mit meiner Sonnenenergie das Heliumschiff auftauen. Dabei wird aber auch der Boden geschmolzen. Er besteht aus gefrorenem Gas und fängt natürlich sofort zu brennen an. Das bedeutet, das Sonnenschiff wird sofort in hellen Flammen stehen."

Beunruhigt lauschten die Kinder, als der Sonnenmann seinen Plan weiter ausführte: „Nun werde ich folgendes machen! Zuerst schmelze ich vorsichtig die Einstiegsluke auf. Sobald sie sich öffnen läßt, steigt ihr drei ein. Moritz, du nimmst dann den Starthebel, und sobald er sich bewegen läßt, ziehst du das Heliumschiff etwa 100 Meter hoch, verstanden. Inzwischen steht der Boden unter dem Schiff bereits in hellen Flammen. Ich werde nun schnell da vorne hinlaufen, wo das Eis noch fest ist. Du, Moritz, gehst rasch mit dem Sonnenschiff dort herunter. Ich steige zu und dann nichts wie weg von hier, denn das Gasfeuer taut das restliche Gaseis sekundenschnell auf, und der Planet wird zur Flammenhölle. Habt ihr das alles verstanden?"

Die Kinder nickten. „Achtung! Fertig! Los!" rief der kleine Sonnenmann. Vorsichtig ließ er seine Körperflammen um die eingefrorene Einstiegsluke züngeln, bis sie sich öffnen ließ. Sofort kletterten Glitziglunk und die Kinder in das Raumschiff und schlossen die Klappe. Jetzt loderte der kleine Sonnenmann bereits in hellen Flammen. Er taute das Gaseis unter dem Sonnenschiff auf! Puff! Es gab plötzlich einen lauten Knall. Das Sonnenschiff stand in einem Feuermeer.

„Zieh!“ rief Glitziglunk, und Moritz zog den Starthebel an, der sich knirschend bewegen ließ. Sofort hob sich das Raumschiff in die Höhe. Unten lief der Sonnenmann vom Feuer weg auf die abgemachte Stelle zu. Moritz folgte ihm mit dem Sonnenschiff. Er drückte den Hebel vor, um schnell wieder zu landen und den Sonnenmann aufzunehmen. Aber, o Schreck! Der Hebel war unbeweglich. Die große Kälte mußte das geschmolzene Gas sofort wieder gefroren haben. Moritz rüttelte verzweifelt an dem Hebel. Unten breitete sich das Feuer rasend schnell immer weiter aus. Der kleine Sonnenmann winkte mit seinen Flammenarmen.

„Halt“, rief Glitziglunk, „nicht rütteln, Moritz, du beschädigst ja den Hebel!“

„Aber“, brüllte Moritz verzweifelt, „was soll ich denn sonst machen?“

Glitziglunk knipste einen kleinen roten Schalter an und rief: „Das Hitzeschild wird das Eis tauen!“

Sofort glühte das Heliumschiff orangerot auf, und tatsächlich, das Eis schmolz. Der Hebel ließ sich jetzt wieder bewegen. Rasch landete Moritz an der Stelle, wo der kleine Sonnenmann wartete. Die Flammen waren jetzt schon ganz nahe. Flink kletterte der kleine Sonnenmann in die Kabine. Tür zu! Hebel angezogen! Das Raumschiff erhob sich und gewann rasch an Höhe.

„Huch, das war knapp“, rief Moritz erleichtert. Maxi schnaufte auf.

„Halb so schlimm“, lächelte der kleine Sonnenmann, „mir und Glitziglunk können Flammen überhaupt nichts antun, im Gegenteil. Auf der Sonne ist es ja noch viel heißer, und wir beide lieben die Hitze.

„Warum mußten wir uns dann so beeilen“, fragte Moritz verwundert.

„Nun“, schmunzelte Glitziglunk, „weil wir euch ein spannendes Abenteuer erleben lassen wollten.“

„Ihr seid vielleicht zwei Gauner“, lachten die Kinder und blickten nach unten. Der Planet lag in hellen Flammen.

„Muß Pluto jetzt eigentlich verbrennen?“ fragte Maxi nachdenklich.

„Ach der“, winkte der kleine Sonnenmann ab. „Wenn den die Flammen sehen, erlöschen sie sofort von selbst, und alles Gas erstarrt wieder zu Eis.“

Und so geschah es. Sekunden später sackte das Feuermeer in sich zusammen. Die Kinder glaubten, einen grauen Schatten zu erkennen mit einem Gegenstand in der Hand, der wie eine metallene Sense glitzerte.

„Nun schnell nach Hause zur Erde, es eilt“, rief der kleine Sonnenmann.

Glitziglunk bettelte: „Doch vorher besuchen

wir auf dem Erdenmond noch meine Verwandten."

„Meinetwegen", sagte der kleine Sonnenmann, „aber dann müssen wir auch besonders rasch zurückfliegen, am besten gleich . . .

Hundertmal schneller als Licht

Das Heliumschiff machte kehrt und steuerte in Richtung Erde und Sonne zurück.

„Was bedeutet 100mal schneller als Licht?“ hakte Moritz nach.

„Nun“, gab der kleine Sonnenmann Auskunft, „wenn wir auf dem Erdenmond zwischenlanden wollen, dann müssen wir natürlich den Rückflug beschleunigen. Ich werde deshalb unser Sonnenschiff nicht mit einfacher Lichtgeschwindigkeit fliegenlassen, auch nicht mit 10facher, sondern gleich mit 100facher. Ich schalte also zuerst Superstrahl Nummer 10 und kurze Zeit später Superstrahl 100 ein.“

Moritz vestand jetzt: „Ach so, dann dauert der Rückflug nur ein paar Minuten.“

„Richtig“, nickte Glitziglunk. „Stellt euch einmal vor, Kinder, wir müßten den ganzen Weg, den wir bisher zurückgelegt haben, zu Fuß nach Hause gehen.“

„Oh je, da bräuchten wir bestimmt 1000 Jahre dazu“, rief Maxi.

„Das ginge ja noch“, unterbrach sie Glitziglunk. „Nein, wir bräuchten nicht nur 1000 Jahre, sondern 130 000 Jahre.“ Maxi blieb der Mund offen stehen.

„Und wie lange dauerte es mit einfacher Lichtgeschwindigkeit?“ forschte Moritz weiter.

„Da wären wir 5 Stunden und 30 Minuten unterwegs“, berechnete der kleine Sonnenmann. „Mit S 10 bräuchten wir nur 33 Minuten, aber mit S 100 verkürzt sich die Zeit, die wir für den Rückflug benötigen, auf kurze 3 Minuten.“

„Einfach unvorstellbar phantastisch“, schwärmte Moritz. „Gut, daß wir in deinem superstrahlenangetriebenen Heliumschiff zurückfliegen dürfen.“

Der kleine Sonnenmann kramte zwei kleine weiße Pillen hervor. „Die müßt ihr schlucken, Kinder“, sagte er, „sonst vertragt ihr die 100fache Lichtgeschwindigkeit nicht.“

„Ich verstehe“, sagte Maxi, „uns wäre ja fast bei der 10fachen Lichtgeschwindigkeit schon übel geworden.

„Ohne meinen Zauberpanzer“, erklärte Glitziglunk, „hättet ihr nicht einmal die einfache Lichtgeschwindigkeit ausgehalten. Denn kein Mensch hält sie ohne Spezialraumanzug aus.“

„Wenn das so ist“, lobte Maxi Glitziglunk, „denn hast du uns wirklich ein zauberhaftes Geschenk mit dem Zauberpanzer gemacht, danke!“

Maxi und Moritz schluckten bereitwillig die weißen Pillen.

„Es kann losgehen“, bestimmte der kleine Sonnenmann.

Er schaltete S 10 ein. Wie schon früher drückte es die Kinder abermals in ihre Sitze zurück, aber diesmal fühlten sie sich wohl dabei. Das Sonnenschiff durchraste den Weltraum mit 10facher Lichtgeschwindigkeit. Nun griff der kleine Sonnenmann nach dem Schalter S 100. Er drehte ihn. Ein Dröhnen ertönte, das Heliumschiff erzitterte, es zischte davon wie vom Satan verfolgt, durchschnitt den Weltraum wie eine Rasierklinge, vorbei raste es am blauen Planeten Neptun, kurz darauf am grünen Uranus, gelb-braun tauchte Saturn mit seinen Ringen auf, schon vorbei! Der orangerote Jupiter wuchs und wuchs. Als würde ein gewaltiger Luftballon aufgeblasen werden, so schnell wurde der Riesenplanet größer und größer. Schon vorüber!

Prasselnd durchquerte das Heliumschiff den Asteroidengürtel. Die 100 000 Plantenzwerge spritzen wie Funken in allen Richtungen davon. Jetzt tauchte der rote Marsball auf. Der kleine Sonnenmann zündete die ersten Bremsraketen. Die Geschwindigkeit sank von S 100 auf 90 . . . 80 . . . 40 . . . 30 . . ., ereichte schließlich S 10-Lichtgeschwindigkeit.

Wieder wurden ein paar Bremsraketen gezündet. Das Raumschiff raste soeben am Mars vorbei: S 9 . . . 8 . . . 7 . . . 6 . . . 5 . . . 2 . . . 1 . . . Weiter sank das Tempo. In der Ferne zeigte sich der Planet des Lebens, die Erde, umkreist vom gelbleuchtenden Erdenmond. Auf ihn steuerte das Sonnenschiff zu und machte sich bereits zur Landung fertig.

Maxi und Moritz schnauften auf. Sie waren die ersten Menschen, die mit Lichtgeschwindigkeit das Weltall durchfliegen durften. Kein Mensch aber würde es ihnen glauben, wenn sie erzählten, daß sie mit 10facher Lichtgeschwindigkeit dahingerast seien. Und noch weniger würde man ihnen die 100fache Lichtgeschwindigkeit abnehmen. Die Leute würden sie für völlig übergeschnappt halten.

Die Pillen gegen die Übelkeit hatten hervorragend gewirkt. Maxi und Moritz fühlten sich so wohl, als hätten sie gerade mit dem Fahrrad, vorbei an Wiesen und durch frische Wälder, eine Spazierfahrt unternommen.

Das Sonnenschiff landete soeben neben einem Mondkrater. Während der kleine Sonnenmann, Glitziglunk und die Kinder aus der Kabine kletterten, kam ihnen eine seltsame Gruppe entgegen. Es waren Glitziglunks Verwandte, . . .

Luna, die Mondgöttin, der Mann vom Mond und das Mondkalb

Auf einer schneeweißen, kleinen Kuh ritt eine schöne Frau. Sie trug ein weißes, langes Gewand, einen Schleier und auf dem Haupt ein Diadem mit einer goldenen Mondsichel über der Stirn. Die brennende Fackel, die sie in der Hand hielt, erleuchtete dürftig den staubgrauen Mondboden. Die Kuh schleppete ein Netz hinter sich her, in das sich ein schlafender, weiß gekleideter Jüngling bequem hineingebettet hatte.

„Das sind also meine lieben Verwandten“, strahlte Glitziglunk. „Luna, die Mondgöttin, und ihr Ehemann Endymion, der bei euch Menschen als Mann vom Mond bekannt ist.“

„Warum schläft der denn am hellichten Tag?“ erkundigte sich Maxi flüsternd.

„Endymion schläft ununterbrochen“, erzählte Glitziglunk, „damit er auf diese Weise ewig jung, unsterblich und immer schön bleibt.“

Luna glitt elegant von ihrem weißen Mondkalb und begrüßte Glitziglunk mit einer herzlichen Umarmung. Das Mondkalb muhte und scharrte unruhig mit dem rechten Vorderfuß. Luna blickte in die Runde.

„Ich heiße euch alle als meine Gäste willkommen“, rief sie freundlich mit glockenheller Stimme. „Überall im Weltall erzählt man sich bereits von deiner dringenden Reise, kleiner Sonnenmann. Ich weiß auch, welche Schwierigkeiten du schon hattest. Aber im Ernst, es ist wirklich schlimm zur Zeit mit den Bewohnern der Erde.“

„So“, wunderte sich der kleine Sonnenmann, „hast du etwa auch an den Menschen etwas auszusetzen?“

„Und ob“, rief Luna ärgerlich, „wir auf dem Mond beobachten schon seit langem die giftige Dunstglocke, die über der Erde liegt. Rücksichtslos verschmutzen die Menschen die Luft, die sie zum Leben benötigen. Sie lassen aus Tausenden Fabrikschloten verderblichen Rauch in den Himmel qualmen. Die Auspuffgase ihrer Autos verpesten die Atemluft. Millionen von Bäumen sterben ab und werden nie mehr grün. Den Sonnendrachen haben die Menschen geweckt, indem sie unermüdlich daran arbeiten, die Erde zugrunde zu richten.“

„Trotzdem“, rief der kleine Sonnenmann energisch, „werden Glitziglunk und ich gegen den

Sonnendrachen kämpfen. Denn irgend jemand muß schließlich etwas gegen das drohende Unheil unternehmen."

„Und Maxi und ich", meldete sich Moritz zu Wort, „helfen nach Kräften mit, das versprechen wir. Wir sind nämlich Menschen und lieben unsere Welt."

„Ja", unterstrich Maxi, „ich glaube nicht, daß die Menschen die Erde aus Bösartigkeit vernichten. Sie tun es aus Bequemlichkeit und Dummheit."

„Aus welchen Gründen sie es machen", sagte Luna nachdenklich, „spielt keine Rolle. Entscheidend ist doch letztlich nur, daß sie es machen ..."

„... und", fiel ihr der kleine Sonnenmann eifrig ins Wort, „daß es jemanden gibt, der die Menschen aus ihrer Bequemlichkeit herausreißt und ihre Dummheit bekämpft ..."

„... und", schloß Glitziglunk, „die Welt vor dem bösen Sonnendrachen in Schutz nimmt."

Luna machte plötzlich ein freundliches Gesicht. „Ich freue mich, daß ihr euch alle so tatkräftig für die Erde und ihr Wohlergehen einsetzt."

Im Netz hinter dem Mondkalb raschelte es. Endymion richtete den Oberkörper auf. Dabei hielt er die Augen geschlossen. Mit weicher Stimme sagte er: „Jugendliche Frische, Schönheit und langes Leben mögen euere Hände der Welt zurückgeben." Nach diesen Worten sank er in das Netz zurück und fiel wieder in tiefen Schlaf.

„Dieser Wunsch meines Mannes", verkündete Luna, „soll euch und euerer Unternehmung Glück bringen. Nun aber beeilt euch! Der Sonnendrachen kommt aus dem Sonneninneren immer weiter herauf. Fliegt zur Erde. Dort wartet nämlich schon auf euch ...

Der siebente Edelstein

Maxi und Moritz freuten sich darauf, nun bald wieder bei ihrem Großvater sein zu dürfen. Das Heliumschiff wirbelte beim Aufstieg vom Mond eine Menge Staub auf.

„Wie lange dauert es noch bis zur Glashütte unseres Großvaters?" wollte Moritz ungeduldig wissen.

„Du wirst es nicht glauben", lächelte der kleine Sonnenmann, „aber da das Heliumschiff schnell wie ein Lichtstrahl ist, sind wir in weniger als zwei Sekunden da."

„Was", staunten die Kinder, „du meinst wohl in 20 Minuten?"

„Paßt auf", schlug Glitziglunk vor. „Klatscht zweimal in euere Hände, das dauert ungefähr zwei Sekunden, und wir sind bei euerem Großvater."

Klatsch! Klatsch! Zweimal schlugen die Kinder ihre Hände zusammen. Dabei fühlten sie, wie das Heliumschiff lichtstrahlschnell auf die Erde zuschoß. Sie sahen die Welt sich rasend schnell vergrößern, – groß wie eine Murmel, jetzt wie ein

Apfel, nun wie ein Ball, dann wie ein Haus. Die Kinder erkannten das Meer, die grünen Wälder und Wiesen, die Felder und die vielen Städte.

Kaum richtig in Fahrt gekommen, mußte das Raumschiff schon wieder abbremsen. Die Leute auf der Erde blickten wie immer geschäftig zu Boden und rannten hastig aneinander vorbei. Lautlos sank das Heliumschiff herab und landete, wie schon beim ersten Mal, unbemerkt abseits von der Stadt in einer kleinen Senke. Ganz nahe lag die Glashütte und das Wohnhaus des Hüttenmeisters Korbinian.

Die Kinder kletterten hastig aus dem Raumschiff und eilten so rasch, daß sie beinahe über ihre eigenen Beine stolperten, auf das Haus zu. Bevor sie dort ankamen, riß Großvater schon die Wohnungstür auf und breitete lachend seine Arme weit aus. Er fing Maxi und Moritz damit auf wie in einem Netz.

Überglücklich umarmte er seine Enkelkinder und rief: „Da seid ihr ja endlich wieder! Ist euch denn nichts passiert?“

„Nein, Großvater“, erzählten die Kinder und umhalsten ihn stürmich, „es war einfach toll. So etwas wie wir beide hast du bestimmt noch nicht erlebt. Aber jetzt sind wir froh, daß wir wieder bei dir sind!“

„Auch ich bin glücklich“, versicherte Korbinian, „daß ich euch wieder habe.“

Abseits warteten bescheiden der kleine Sonnenmann und die Sonnenfee Glitziglunk.

„Ich glaube“, raunte der kleine Sonnenmann seiner Begleiterin zu, „Jupiter hatte recht, als er sagte, daß es unter den Menschen Liebe gibt.“ Glitziglunk nickte gerührt.

Großvater Korbinian befreite sich nun aus den herzlichen Umklammerungen der Kinder und ging auf die Weltraumbesucher zu. Freundlich gab er bekannt: „Der Spiegel aus feinstem Kristallglas ist seit einer halben Stunde fertig.“

Er führte den kleine Sonnenmann und Glitziglunk ins Haus. Dort stand an eine Kommode gelehnt der mannshohe Spiegel mit seinem breiten Rahmen aus rotbraunem Edelholz. Der kleine Sonnenmann hob überrascht seine Feuerarme und spratzelte vor Freude in der Luft herum. Dann holte er die Planeten-Edelsteine aus seinem Flammenkörper heraus, wo er sie den ganzen Flug über aufbewahrt hatte.

Auf der rechten Seite des Rahmens setzte er die hell glänzenden, weißen Edelsteine ein, die ihm Jupiter, Saturn und Uranus gegeben hatten. Er brauchte sie nur an den Rahmen zu halten, da blieben sie mit Hilfe der Sonnenkraft besser daran haften, als wenn er sie mit dem stärksten Kleber der Welt befestigt hätte. Auf der linken Seite plazierte er die schwarzen, die er Mars, Neptun und Pluto zu verdanken hatte.

„Drei zu drei“, sagte Glitziglunk und betrachtete den Spiegel eindringlich.

Im selben Augenblick ertönte ein seltsames Säuseln in der Luft, als ob eine Windböe um das Haus wehte. Die Tür flog auf, und im Türrahmen stand, wie aus dem Boden gestampft, eine große Dame mit langem Haar, bekleidet mit einem blauen Kleid, das Gesicht mit einem grünen Schleier verhüllt. Die Kinder waren vom Weltraumausflug bereits an einige Überraschungen gewöhnt. Sie erschraken kaum noch. Der Großvater aber fuhr entsetzt zusammen.

„Ich bin Gaia, die Herrin der Erde“, stellte sich die Dame vor und schlug mit ihren runzeligen Händen den Schleier zurück. Ein aschgraues Gesicht kam zum Vorschein. Die Lippen waren bläulich verfärbt, tiefe Ringe lagen unter ihren Augen, das Haar war schmutzig grau. Und jetzt, bei genauerem Hinsehen, erkannten die Kinder auch, daß das Kleid und der Schleier verstaubt und abgetragen aussahen.

„Ich bin“, fuhr Gaia fort, „die Überbringerin des siebenten Edelsteins vom Planeten Erde.“

„Du wirst uns einen hellen bringen“, äußerte sich der kleine Sonnenmann überzeugt, „denn du wirst deinen eigenen Planeten nicht im Stich lassen.“

Gaia blickte beschämt zur Seite. „Seht meine Kleider an! Betrachtet mein Gesicht, meine

Haare, meine Hände. Ich bin krank und schwach wie die Erde selbst. Die Menschen vergiften die Luft, das Meer, die Wälder und die Felder. Sie verseuchen die Nahrung. Sie vernichten auf diese Weise Pflanzen und Tiere und machen sich selbst krank. Sie vergeuden Öl, Gas, Kohle und andere Brennstoffe. Sie verschwenden Nahrungsmittel und lassen Mitmenschen hungern. Viele leben in bitterster Armut. Überall auf der Welt finden Kriege statt. Es herrscht Unfriede und Angst. Ich habe den weißen Edelstein in einem Panzerschrank gehütet wie einen unberührbaren Schatz. Doch als ich ihn heute daraus entnahm, sah er so aus."

Mit abgewandten Gesicht überreichte Gaia, die Herrin der Erde, dem kleinen Sonnenmann einen kohlrabenschwarzen Edelstein. Glitziglunk zuckte zusammen. Den Kindern rollten Tränen der Enttäuschung über die Wangen. Der Großvater blickte hilflos auf den toten Schatz. Der kleine Sonnenmann klebte ihn wortlos auf die linke Seite des Spiegelrahmens, wo nun vier schwarze Steine wie fette, widerliche Giftspinnen hockten und den Glanz der drei weißen Edelsteine auf der rechten beeinträchtigten.

„Zwei Edelsteine fehlen dir noch", erkannte Gaia, und müde raunte sie, „ich wünsche euch Glück."

Sie hob grüßend die Hand und zog den grünen,

brüchigen Schleier vor ihr ausgemergeltes Gesicht. Sie verließ den Raum. Die Tür fiel ins Schloß. Im säuselnden Wind entfernte sie sich, und es war totenstill.

„Nun wollen wir", sagte Glitziglunk tapfer, „zu den beiden letzten Planeten fliegen, die der Sonne am nächsten stehen."

„Und anschließend", rief der kleine Sonnenmann mit ungebrochenem Mut, „stellen wir uns dem Kampf mit dem Sonnendrachen, wie der Rand des Spiegels auch immer aussehen mag."

„Dürfen wir dabei sein?" fragte Moritz unvermittelt.

Der kleine Sonnenmann zögerte. Glitziglunk flüsterte ihm etwas ins Ohr. Da wandte sich der Herrscher der Sonne an die Kinder: „Wenn ihr euch von Glitziglunk mit dem wunderbaren Sonnenschutzpanzer ausrüsten laßt, kann ich euch den Mitflug erlauben. Den Kampf mit dem Sonnendrachen dürft ihr aber nur aus weiter Ferne beobachten."

Der Großvater meinte: „Über die Menschen auf der Erde ist dir, kleiner Sonnenmann, so viel Schlimmes berichtet worden. Meine beiden Enkelkinder sollen dich begleiten zum Zeichen dafür, daß es auf der Welt auch noch viele Menschen gibt, die das Gute wollen." Die Kinder schmiegten sich dankbar an ihren Großvater.

Glitziglunk glitzerte nun flimmernd um Maxi

und Moritz herum und sprach den großen Sonnenzauber:

„Sonnenbrand und Feuerzauber,
Meer von Hitze, Flammenrot!
Sonnenpanzer schütz die Kinder,
hüte sie vor Leid und Tod!"

Wie ein heller Schein legte sich eine schleierdünne Haut über und um die Kinder, die bereits durch einen Weltraumpanzer geschützt waren. Doppelt gesichert konnten sie es nun wagen, den Gefahren entgegenzufliegen, die auf sie noch warteten.

Mit vereinten Kräften schleppten der kleine Sonnenmann, Glitziglunk, der Großvater und die Kinder den schweren Kristallspiegel mit den sieben Zauberedelsteinen zum Sonnenschiff und luden ihn ein. Dann kletterten alle vier in die Kabine. Der Großvater schaute mit nachdenklichem Gesicht dem aufsteigenden Raumschiff nach. Ein Glasbläser, der zufällig aus der Glashütte kam,sah Meister Korbinian zum Himmel hinaufstarren. Er folgte seinen Blicken und erhaschte gerade noch ein Stück des blitzenden Heliumschiffes mit seinen Augen, bevor es hinter ein paar Wolken verschwand.

„Was war das?" fragte er erstaunt.

Der Großvater sah den Glasbläser an. „Das war eine Taube", antwortete er leise, „eine weiße Friedenstaube."

Die Kinder saßen schweigend in der Kabine des Sonnenschiffes. Wieder entschwand in Sekundenschnelle die blaue Erdkugel ihren Blicken.

„Seht dort drüben“, riß Glitziglunk die beiden aus ihrer Grübelei und deutete mit den Strahlenfingern auf viele helle Funken, die eben in die Lufhülle der Erde eindrangen. Lächelnd fügte sie hinzu: „. . .

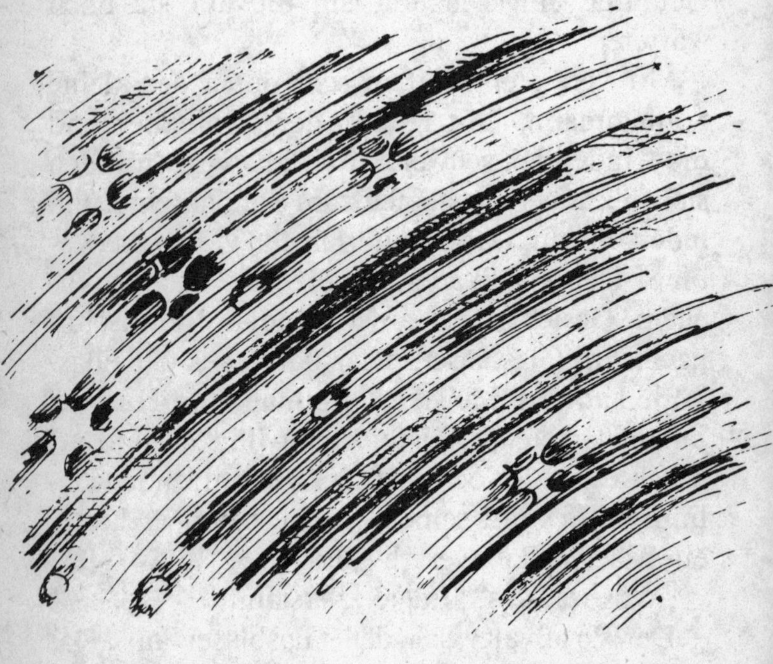

Sternschnuppen bringen Glück

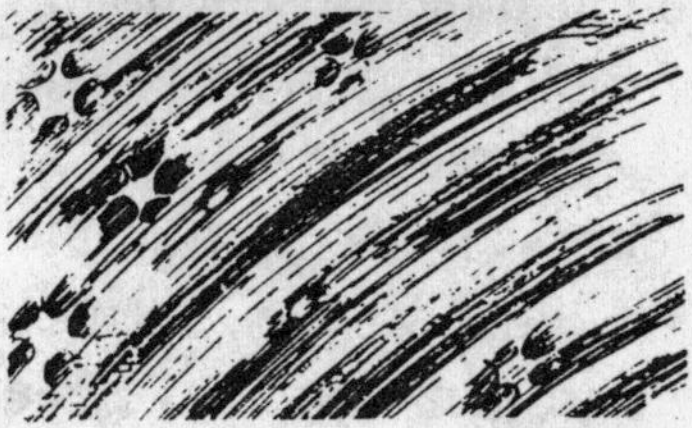

„Woher kommen diese gleißend hellen Streifen?“ staunte Moritz.

Glitziglunk erzählte: „Wir haben doch auf unserer Reise den Kometenkapitän getroffen. Wie ihr gesehen habt, zog sein Komet hinter sich einen riesig langen Schweif aus winzigen Fels- und Metallstücken her. Manche von ihnen werden von der Erde angezogen. Wenn sie in die Lufthülle eindringen, werden sie zu Meteoren und glühen auf.“

„Ja“, erinnerte sich Maxi, „ich habe einmal vor ungefähr einem Jahr nachts zum Himmel hinaufgesehen. Da ist gerade ein langer Lichtstreifen darüber hinweggehuscht. Das waren sicher auch Sternschnuppen.“

Glitziglunk verbesserte: „Mit dem richtigen Wort heißen diese Sternschnuppen Meteore. Ein Meteor besteht hauptsächlich aus Kometenteilchen, also aus Eisen- und Steinbrocken. Das ganze ist eigentlich nichts anderes als Weltraumschutt. Die meisten dieser Teilchen sind nur so groß wie Sandkörner. Wenn sie in die Lufthülle der Erde hineinsausen, verbrennen sie. So entstehen die schnell dahinhuschenden Sternschnuppen. Sind es viele, dann sieht es aus wie ein wunderbares Feuerwerk."

Moritz fiel etwas ein: „Großvater hat erzählt, daß jeder, der eine solche Sternschnuppe sieht, sich etwas wünschen kann, bevor sie erlischt. Das geht dann sicher in Erfüllung. Aber man darf nicht verraten, was man sich gewünscht hat, sonst bleibt der Wunsch unerfüllt."

Soeben huschten vier hell leuchtende Sternschnuppen auf die Erde zu. „Schnell etwas wünschen", rief Maxi. Alle vier hielten den Atem an.

„Ich glaube", sagte der kleine Sonnenmann, nachdem die Sternschnuppen längst wieder erloschen waren, „ich glaube, wir haben uns eben alle dasselbe gewünscht."

Der kleine Sonnenmann, Glitziglunk und die Kinder sahen sich ernst an und nickten. Plötzlich schaute Maxi mit zusammengekniffenen Augen nach vorne, dann hinter sich, dann wieder nach vorn . . .

„Ich werd' verrückt", rief sie, „wir fliegen ja wieder zur Erde zurück. Seht ihr nicht dort vorn die weißblaue Planetenkugel. Das ist doch unsere Erde?"

„Nein", widersprach der kleine Sonnenmann,

„dieser Planet ist nur fast genauso groß wie eure Erde und auch so ähnlich blau, aber es ist der Planet Venus."

Glitziglunk runzelte die Stirn: „Von Ferne sieht er ja ganz friedlich aus", brummte sie mißmutig, „aber auf ihm werden wir die reinste Hölle erleben . . ."

„. . . aber alles überstehen", ergänzte der kleine Sonnenmann und beruhigte die aufgeschreckten Kinder. „Wißt ihr, der Planet ist zwar ekelhaft, nicht aber seine Herrscherin, . . ."

Venus, die Schönheitskönigin

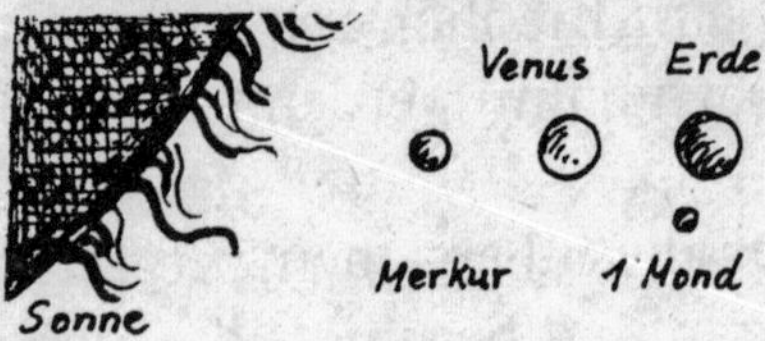

Nicht nur der Planet Venus kam immer näher und näher, auch die Sonne. Sie wurden dabei größer und größer. Sie war jetzt fast doppelt so groß wie von der Erde aus gesehen. Im Raumschiff wurde es ständig heißer. Der Sonnenpanzer schützte die Kinder vor der glühenden Temperatur. Der kleine Sonnenmann und Glitziglunk aber räkelten sich wohlig, denn die riesige Hitze tat ihnen gut.

Das Sonnenschiff tauchte soeben in die stürmische Wolkenhülle des Planeten Venus ein. Blitze zuckten hernieder, da, dort, hier . . .! Es waren sicher 25 Feuergarben in der Sekunde. Es donnerte und krachte, daß es den Kindern unheimlich zumute wurde.

Hinter dem Raumschiff lag ein dichtes Wolkemeer, durch das die Sonne nur als blasser, rötlicher Schimmer zu sehen war. Unter sich erkannten die Kinder durch den Dunst hindurch eine ausgetrocknete, öde, karge Landschaft. Viele

Risse und Furchen waren zu sehen und Unmengen scharfzackiger Felsen und riesiger Schluchten.

Als das Heliumschiff aufsetzte, versuchten die Kinder die rötlich-gelbbraunen Wolkenschwaden mit ihren Blicken zu durchdringen.

„Ich sehe nur etwa 1000 Meter weit in dieser Waschküche“, beschwerte sich Moritz.

Als der kleine Sonnenmann und seine Besatzung ausstiegen, schlug ihnen ein unangenehmer Hitzeschwall entgegen.

„Zum Glück habt ihr den Sonnenpanzer“, sagte Glitziglunk beruhigt.

„Wie heiß ist es denn hier oben?“

„Nun“, antwortete Glitziglunk, „du weißt doch sicher, wie heiß kochendes Wasser ist?“

„Natürlich“, nickte Maxi, „100 Grad Celsius. Ist es etwa hier so heiß?“

„Nein“,lächelte Glitziglunk, „hier ist es fast fünfmal so heiß wie kochendes Wasser!“

„Das sind ja dann beinahe 500 Grad“, platzte Maxi heraus und verdrehte vor Entsetzen die Augen.

„Ja,“, nickte der kleine Sonnenmann, „und diese erbarmungslose Wüste bedeckt die gesamte Oberfläche des Planeten.“

Es fing nun auch noch zu regnen an. Moritz rief begeistert: „Hurra! Hier gibt es ja Wasser!“

„O nein“, berichtigte ihn der kleine Sonnenmann. „Hier regnet es Schwefelsäure. Ohne euren Schutzpanzer würde euch diese ätzende Flüssigkeit zerfressen. Sie zersetzt schließlich sogar Metall und Steine!“

„Igitt“, rief Maxi in den tobenden Sturmwind. Der Säureregen peitschte den Besuchern ins Gesicht, als wollte er die fremden Eindringlinge wieder vertreiben. Die Wolkendecke riß ein wenig auseinander. Für einen kurzen Augenblick tauchte die Sonne als riesiger Feuerball auf.

„Ist die groß“, brüllte Maxi in das Tosen.

„Natürlich“, schrie Glitziglunk zurück, „wir sind hier schon viel näher an der Sonne. Die Erde liegt Millionen Kilometer hinter uns. Ab jetzt wird die Sonne immer größer werden, je näher wir ihr kommen.“

Der kleine Sonnenmann deutete auf seine Heimat und fragte: „Moritz, sag mir, wo geht bei euch auf der Erde die Sonne auf?“

Moritz rief: „Im Osten geht die Sonne auf, im Westen geht sie unter, dann bin ich müd und schlafe fest und bin am Morgen munter!“

Der kleine Sonnenmann lachte. „Auf der Venus“, sagte er, „geht die Sonne verkehrt herum auf und unter. Sie geht im Westen auf und im Osten unter.“

Maxi schüttelte verwirrt den Kopf: „Hier scheint alles verkehrt zu sein! Es blitzt wie in der Hölle. Der Regen ist eine Säure, die unsere Haut zerfressen würde. Die Sonne geht dort auf, wo sie bei uns untergeht. Die Wolken hängen fast auf den Boden herunter. Es stürmt ein entsetzlicher Wind. Was erwartet uns hier denn noch alles?" Maxi drehte sich voller Unbehagen um. „Huch", rief sie erschrocken. Auf sie zu bewegte sich nämlich eine große Gestalt ganz aus Licht. „Ein Gespenst", wimmerte das Mädchen.

Der kleine Sonnenmann, Glitziglunk und Moritz fuhren aufgeschreckt herum.

„Psst", flüsterte Glitziglunk, „sei still, das ist doch Venus, die Schönheitskönigin!"

„Die ist aber wunderschön", flüsterte Moritz staunend. Je näher die Venus kam, desto deutlicher konnte man sie sehen. Es war eine schlanke, hochgewachsene Frau mit goldenen, schulterlangen Haaren. Die glänzten und strahlten, daß die Kinder geblendet ihre Augen zusammenkneifen mußten. Bekleidet war sie mit einem hellblauen, leuchtenden Gewand. Ihr Gesicht war zauberhaft. Die blauen Augen blickten sanft. Der rote Mund hatte eine schön geschwungene Form. Die Nase war klein und gerade.

Venus stand jetzt vor der Gruppe und sprach mit lieblich klingender Stimme: „Hallo, kleiner Sonnemann, es ehrt mich, daß du deinen Fuß auf meinen Planeten setzt. Ich habe dir auch meinen Zauberedelstein mitgebracht, da ich weiß, wofür du ihn benötigst."

„Weiß oder schwarz?“ fragte der kleine Sonnenmann mit vor Aufregung zitternder Stimme.

„Ach“, sprach Venus, „auf der Erde der Menschen, so mußte ich schon mehrmals vernehmen, soll es nicht mehr so schön sein. Vor allem erzählte man mir, daß dort oft ein fürchterlicher Lärm herrscht. Die Autos brausen mit dröhnenden Motoren auf den breiten Straßen, gewaltige Flugzeuge donnern über Städte und Häuser, riesige Maschinen stampfen und rattern, sogar die Musik dröhnt bereits so sehr, daß schon manche Menschendavon taub geworden sein sollen.“

Glitziglunk rief enttäuscht: „Bitte, Venus, gib nicht auch du uns noch einen schwarzen Edelstein! Wir sind sonst verloren! Der Sonnendrachen . . .“

„Sei ohne Sorge“, unterbrach die schöne Königin die Sonnenfee, „seht euch meinen Planeten an. Hier tobt ständig ein fürchterliches Ungewitter, zerfrißt ein ätzender Säureregen den Boden und das Gestein und herrscht eine kochende Hitze wie in einem Hochofen. Ich kann mir beim besten Willen nicht vorstellen, daß die Erde so häßlich ist wie mein garstiger Planet, was mir auch immer von anderen darüber erzählt worden ist. Wie gern würde ich auf der wunderschönen Welt leben! Dort, wo es duftende Blumenwiesen geben soll, wo der Wind sanft und kühl durch die Bäume rauscht, wo ich durch stille Wälder und vorbei an fruchtbaren Feldern spazierengehen könnte. Wie herrlich wäre es, zum blauen Himmel hinaufzuschauen und die wohlige Wärme der Sonne auf der Haut zu spüren. Es soll auf der Welt auch schöne Flüsse und kristallklare Seen geben, in denen kühles Wasser rauscht und plätschert. Damit diese Erde, von der ich in jeder Nacht träume, erhalten bleibt, schenke ich euch einen weiß glänzenden Edelstein, den ich heute noch extra mit Schwefelsäuretropfen strahlend hell geputzt habe."

„Wir versprechen dir", versicherte Maxi voll Dankbarkeit, „daß wir alles tun wollen, um unsere bedrohte Welt gesund und schön zu erhalten."

„Ja", seufzte Moritz, „denn es wäre schrecklich, wenn es auf unserer Welt so trostlos aussehen würde wie hier."

Die strahlende Venus nickte den Kindern zu: „Ich finde es schön von euch, daß ihr so denkt. Eure Worte überzeugen mich, daß es richtig ist, wenn ich dem kleinen Sonnenmann meinen leuchtenden Edelstein überreiche."

Sie faßte in ihr blauschimmerndes Gewand und zog den Schatz hervor. Geblendet von dem grellen Glanz hielten sich die Kinder die Hände schützend vor die Augen. Von allen Zauberedelsteinen auf dem Rand des Kristallspiegels war er der hellste und leuchtendste.

Der kleine Sonnenmann nahm den Stein und trug ihn zum Sonnenschiff. Venus ging auf die Kinder zu und hob ihre wunderschönen strahlend weißen Hände. Mit ihnen fuhr sie Maxi und Moritz dreimal vor den Augen auf und ab. Sie murmelte einige Worte dazu, die sich anhörten wie ein Zauberspruch aus längst vergangen Tagen. Die Kinder konnten die Laute, obwohl sie genau hinhörten, nicht enträtseln.

Venus drehte sich um, und nach wenigen Minuten entschwand ihr heller Glanz zwischen den graugelben Wolkenballen, aus denen Hunderte von grellen Blitzen herauszuckten.

Die Kinder eilten wie betäubt zum Sonnenschiff, in dem bereits der kleine Sonnenmann und Glitziglunk auf sie warteten. Sie hatten am Rand des Spiegels den achten Edelstein befestigt. Vier schwarze rechts, vier weiße links. Welche Farbe würde wohl der letzte, entscheidende Edelstein haben?

Dieser Gedanke ging allen vieren durch den Kopf, als das Sonnenschiff die Wolkenhülle des Planeten Venus durchbrach. Grell knallte das gleißende Licht des großen Sonnenfeuerballes durch das Fenster des Raumschiffes.

„Oh, das ist ja unerträglich“, jammerten Maxi und Moritz wie aus einem Mund. Sie wandten ihren Blick nach rückwärts. Da sahen sie, daß ihnen ein eigenartiges Gebilde folgte, . . .

Die rosarote Weltraumwolke

Wie ein riesiger Watteballen aus rosaroter Zuckerwatte sah sie aus. Sie erinnerte auch an einen flauschigen, rosafarbenen Wollknäuel. Sie wolkte und rollte heran.

„Die hat ja ein richtiges Gesicht“, rief Maxi. Auch Moritz erkannte es deutlich: in dieser riesigen Wolke war etwas, das aussah wie ein Auge, dort drüben saß das zweite. Auch eine Stupsnase und einen kleinen Schmollmund schien die Wolke zu haben.

„Was will die denn von uns?“ frage Maxi aufgeregt.

Bevor der kleine Sonnenmann antworten konnte, ertönte von draußen eine weiche, lockere Stimme: „Ich will euch vor den grellen Sonnenstrahlen beschützen.“

„Die kann ja reden“, stellte Moritz erstaunt fest.

„Wollt ihr nicht“, fuhr die Wolke fort, „ein wenig auf mir reiten?“

Überrascht blickten Maxi und Moritz den kleinen Sonnenmann an. Der nickte den Kindern aufmunternd zu und öffnete mitten im Weltraum die Ausstiegsluke. Ohne zu zögern, kletterte Moritz aus dem Sonnenschiff. Vorsichtig folgte ihm seine Schwester Maxi. Kaum waren beide draußen, umhüllte die rosarote Wolke zärtlich die Kinder. Die ließen sich fallen und kugelten wie auf einem Wasserbett hin und her.

„Ist das toll“, riefen sie begeistert.

Plötzlich spannte sich die Wolke und warf die Kinder, wie von einem federnden Trampolin abschnellend, in die Höhe. Hups! – Und plumps, fing sie die beiden wieder auf ihren weichen Wolkenfedern auf. Maxi und Moritz gluckten vor Vergnügen und rollten und tollten auf dem sanften Wolkenbett umher. Pudelwohl fühlten sie sich in diesen kuschelweichen Ballen.

„Es ist schön, mit euch zu spielen“, kicherte die Wolke und umgarnte Moritz, der sogleich wie ein wild gewordener Kreisel herumwirbelte.

Maxi schrie auf: „Hilfe, ich stürze in die Tiefe!“

„Ach was“, rief die rosarote Wolke gemütlich, „hab dich schon wieder!“ Mit ihrem weichen, langen Wolkenarm fing sie das Mädchen auf und warf es federleicht in die Höhe. Begeistert purzelten und wälzten sich die Kinder auf der Wolkenmatratze.

Der kleine Sonnenmann und Glitziglunk sahen den dreien vergnügt zu. Drei Minuten mochten inzwischen wohl vergangen sein.

„Schluß jetzt“, rief der kleine Sonnenmann, „kommt herein!“

Die Weltraumwolke rief: „O schade, wo es eben gerade doch am schönsten ist!“

„Ja“, bettelte Maxi, „laß uns noch ein ganz klein bißchen draußen spielen!“

„Tut mir leid“, rief der kleine Sonnenmann, „aber wir nähern uns bereits dem nächsten Planeten. Die rosarote Wolke gab den Kindern einen Stips, da purzelten sie kugel-di-pugel in das Heliumschiff zurück.

„Lebt wohl“, rief die Weltraumwolke.

„Mach's gut“, antworteten die Kinder, „und vielen Dank für das lustige Spiel!“

Herrlich war es anzusehen, wie sich die rosarote Weltraumwolke als immer kleiner werdender rosaroter Tupfen im schwarzen Weltraum langsam verflüchtigte. Als die Kinder wieder in die Flugrichtung blickten, hing vor ihnen ein von der Sonne grell beleuchteter Planetenball am Himmel.

„Das ist“, sagte Glitziglunk, „der letzte, sonnennächste Planet, den wir besuchen werden. Gleich wird es ein wenig hektisch zugehen, denn er hat es immer furchtbar eilig, . . .

Merkur, der windschnelle König

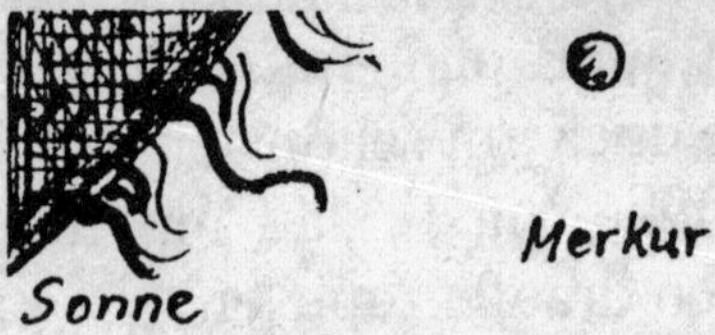

Das Sonnenschiff landete auf einer öden, felsigen Ebene. Vor dem Gefährt breiteten sich viele runde Krater aus. Im Hintergrund reckte sich eine langgestreckte Felswand in die Höhe. Der Himmel war pechschwarz und mit grell leuchtenden Sternpunkten übersät.

Die Sonne ging gerade hinter dem Planeten auf. Wie ein furchterregender, feuerroter Ballon von der Größe eines Hauses erschien sie in der Ferne. Sie sah jetzt dreifach so groß aus, wie man sie von der Erde aus beobachten konnte. Das Firmament aber war nicht strahlend blau, sondern nachtschwarz.

Langsam stieg die gewaltige, glühende Scheibe nach oben, bis sie in voller Größe über dem Horizont zu sehen war.

„Wie heiß ist es hier?“ fragte Moritz und wischte sich trotz seines Weltraum- und Sonnenschutzpanzers den Schweiß von der Stirn.

„Dreimal so heiß wie siedendes Wasser“, sagte Glitziglunk.

„Aber“, ergänzte der kleine Sonnenmann, „wenn die Sonne wieder untergeht, sinkt die Temperatur so stark ab, daß es hier dann achtmal kälter ist als auf der Erde im kältesten Winter.“

Moritz sprang aus dem Sonnenschiff auf den hitzestarrenden Merkurboden. „Ich fühle mich auf einmal ganz leicht“, rief er, und schnellte ohne Mühe zwei Meter hoch.

„Ich auch“, bestätigte Maxi und sprang ihrem Bruder nach. Sie hüpfte über einen großen Felsbrocken, ohne einen Anlauf genommen zu haben.

„Auf dem Merkur“, erklärte der kleine Sonnenmann, „seid ihr dreimal leichter als auf der Erde. Ihr wißt ja schon, je kleiner ein Planet ist, desto geringer ist auch seine Anziehungskraft.“

„Seht nur die vielen tausend großen und kleinen Kraterlöcher“, rief Maxi, „ist das hier nicht ein düsterer, trostloser Ort? Nur steile Klippen, eine kahle und felsige Landschaft ringsherum, lauter Löcher im Boden und darüber nichts als ein pechschwarzer Himmel!“

„So, so, euch gefällt es also nicht bei mir“, rief plötzlich eine düstere, kalte Stimme hinter ihnen.

Alle vier fuhren herum. Umbemerkt von ihnen war Merkur, der windschnelle König und Herrscher dieses Planeten herangeschlichen. Wie sah denn der aus???

Er steckte in einem graubraunen Raumanzug.

An den Fersen seiner Weltraumschuhe waren zwei eigenartige Flügel befestigt, die ständig lautlos hin- und herflatterten, ebenso wie die beiden Flügel an seinem Schutzhelm. In der Hand hielt er einen Stab aus Gold, der dem Zepter eines Königs glich. An der Spitze rüttelten unruhig zwei Flügel. Um den Schaft wanden sich spiralenförmig zwei Schlangen, die oben ihre züngelnden Häupter einander zugewandt hatten.

„So, euch gefällt es also nicht hier oben?“ wiederholte Merkur.

„Ja – nein – ich meine – also, das ist so . . ., stotterte Maxi aufgeregt herum.

„Ich weiß schon, was du meist“, unterbrach sie Merkur scharf. „Aber mir gefällt es hier, jedenfalls besser als auf eurer Erde. Wenn ihr weiter so wie bisher alles verschwendet, die Luft, das Öl, die Kohle, den Strom, die Nahrung, die Tiere, die Landschaft, dann wird es auf der Welt bald noch düsterer und trostloser aussehen als hier. Ich gebe ja zu, daß auch ich es stets eilig habe, aber das ist nichts im Vergleich zu dem, wie es die Menschen treiben. Seht sie euch doch an, wie sie hin- und herhetzen, wie sie auf der Welt laufen und eilen und arbeiten, nur um möglichst viel Geld zusammenzuraffen, bis ihnen vor Erschöpfung schließlich das Herz stehen bleibt und sie tot umfallen.“

Unruhig flatterte Merkur mit Hilfe seiner sechs Flügel wie ein Schmetterling im Kreis herum.

Die Fittiche am Helm, an den Schuhen und am Goldstab schwirrten wie Kolibriflügel auf und ab.

„Auf meinem Planeten“, rief Merkur, „wird es bald kühler werden. Wenn nämlich der Sonnendrachen die Sonne verdeckt, um die Erde auszufrieren, dann wird auch hier oben die Hitze ein wenig nachlassen.“

„Aber soweit darf es nicht kommen“, protestierte der kleine Sonnenmann, der sich inzwischen von seinem Schreck erholt hatte.

„Natürlich“, spöttelte Merkur und sauste im Sturzflug um das Sonnenschiff. „Natürlich wird es soweit kommen. Denn die Erdmenschen verdienen keine Schonung. Nicht ich, nicht der Sonnendrachen ist böse, die Menschen sind es doch selbst, oder etwa nicht?! Sie richten die Welt bösartig zugrunde, und wenn es dann zu spät ist, sollen wir Herrscher der anderen Planeten ihnen mit unseren Zauberedelsteinen helfen. Soweit käme es gerade noch!“

Blitzschnell zog Merkur aus einem Lederbeutel an seinem Gürtel eine schwarze Kugel heraus und warf sie dem kleinen Sonnenmann zu. Der fing sie überrascht auf.

Schwirr! Hui! Sssst . . . und weg war Merkur.

„Fast so schnell wie ein Lichtstrahl“, murmelte Moritz.

„Er hat ja auch sechs flinke Flügel“, ergänzte Maxi.

„Schwarz“, sagte der kleine Sonnenmann leise. Jetzt erst erkannten Glitziglunk und die Kinder, daß die Kugel, die Merkur dem kleinen Sonnenmann zugeworfen hatte, ein pechschwarzer Zauberedelstein war.

„Nun ist alles aus“, schniefte Glitziglunk. „Fünf schwarze Edelsteine und nur vier weiße!“

Der kleine Sonnenmann schritt wortlos zum Heliumschiff und klebte dort gelassen auf die linke Seite des Kristallspiegelrahmens den dunklen Merkurstein. Dann drehte er sich um und blickte freundlich auf Maxi und Moritz. Langsam schob er dabei seine Feuerhand in seinen Flammenkörper. Glitziglunk und die Kinder sahen ihm gebannt bei seinem Tun zu. Als er die Feuerhand wieder herauszog, glänzte in ihr der Große Sonnenstein, ein weiß glühender, apfelgroßer Edelstein von derartiger Leuchtkraft, daß ihn die Kinder nicht ansehen konnten.

„Fünf zu fünf“, rief der kleine Sonnenmann zuversichtlich und befestigte den Großen Sonnenstein auf die rechte Seite des Spiegelrahmens.

„Nein“, schrie Glitziglunk entsetzt auf. „Mach das nicht, kleiner Sonnenmann, du darfst nicht den Stein deiner Macht verschenken! Mit ihm verläßt dich deine ganze Kraft!“

Tatsächlich, der Flammenkörper des kleinen Sonnenmanns schrumpfte um die Hälfte zusammen. Er glich einem brennenden Holzstoß, der zusammensinkt, nachdem die Hälfte der Holzscheite ausgebrannt ist. Der kleine Sonnenmann war jetzt nur mehr so groß wie ein sechsjähriges Kind. Maxi und Moritz starrten wie gebannt auf das Geschehen.

„Ich muß und ich will den Sonnendrachen besiegen", sagte der kleine Sonnenmann mit fester Stimme. „Kommt jetzt, es ist höchste Zeit. Ich höre den Sonnendrachen schon brüllen."

Und wirklich, dunkel und drohend ertönte von der Sonne her durch das rabenschwarze Weltall ein dumpfes, grauenhaftes Grollen und Grunzen. Maxi und Moritz faßten sich ängstlich bei den Händen und kletterten rasch ins Heliumschiff. Von der Sonne her peitschte eine rotglühende Wolke auf den Planeten Merkur zu.

„Gebt acht", warnte der kleine Sonnenmann, „gleich ist er da, . . ."

Der Sonnensturm

Nach wenigen Sekunden war draußen die Hölle los. Jaulend und pfeifend, jammernd und quietschend peitschte ein entsetzlicher Sturmbraus heran, wie ihn die Kinder noch nie gehört und gesehen haten. Er wirbelte Felsbrocken wie Papier durch die Luft und fauchte wie ein rasendes Untier um das Raumschiff herum. Kreischend riß er das Sonnenschiff vom Boden hoch und wirbelte es hinaus in den Weltraum

Der kleine Sonnenmann hatte alle Hände voll zu tun, sein Raumschiff sicher durch das gefährliche Wehen auf die Sonne zuzulenken.

„Manchmal“, rief er in das Heulen des Sturmes, „rast dieser Tobetoll mit einer Geschwindigkeit von 2000 Kilometern in der Sekunde herum!“

„Aber wieso“, schrie Moritz zurück, „fegt er gerade so wild um das Heliumschiff?

„Ich glaube“, antwortete der kleine Sonnenmann, daß ihn das Gebrüll des Drachens aufgescheucht hat. Es sieht so aus, als ob der Braus uns zu dem Untier bringen soll, damit es uns möglichst schnell vernichten kann.“

Der kleine Sonnenmann hatte sein Raumschiff wieder fest im Griff. Es raste wie eine Harpune auf den Sonnenball zu, der sich derartig rasch und endlos zu vergrößern begann, daß es die Kinder nicht fassen konnten.

Glitziglunk reichte jedem von ihnen eine Spezialbrille mit tellergroßen schwarzen Gläsern, die sich die beiden dankbar aufsetzten. Das grelle, schmerzende Sonnenlicht war dadurch wenigstens einigermaßen zu ertragen.

Glitziglunk rief: „Da staunt ihr, was! Stellt euch einmal vor, die Sonne wäre so groß wie ein Handball, dann hätte der riesige Planet Jupiter nur die Größe einer Glasmurmel. Und eure Erde wäre im Vergleich dazu so klein wie ein Stecknadelkopf!"

„Und noch etwas", ergänzte der kleine Sonnenmann. „In meine Sonne würden alle 9 Planeten, die wir eben besucht haben samt ihren 42 Monden fast 100mal hineinpassen, so groß ist dieses gewaltige Feuerkugel. Die Erde alleine hätte 1 300 000mal in ihr Platz. Außerdem ist sie 109mal so breit wie eure Welt. Stellt euch nun noch 330 000 Erdkugeln vor, so schwer ist nämlich die Sonne."

„Wahnsinn! So groß", flüsterte Maxi und Moritz ehrfürchtig. Sie konnten inzwischen den Rand des Sonnenballes nicht mehr sehen, da sich seine Grenzen bereits unüberschaubar weit ausgedehnt hatten.

„Guckt mal hierher“, forderte der kleine Sonnenmann die Kinder auf und zeigte auf einen Plan. „Hier habe ich aufgezeichnet, wie meine Sonne gebaut ist. In der Mitte von ihr ist ein weißglühender Kern. Der ist etwa 15 Millionen bis 20 Millionen Grad Celsius heiß.“

„Und wir Menschen“, unterbrach ihn Moritz kleinlaut, „stöhnen schon, wenn auf der Erde eine Hitze von 30 Grad Celsius herrscht.“

„Vom Kern aus“, fuhr der kleine Sonnenmann unbeirrt fort, „strahlt diese Hitze zur Oberfläche der Sonne hinauf. Dabei nimmt sie ständig ab: auf 10 Millionen Grad, auf 9, 8, 7, 6 . . . 2, eine Million Grad. Direkt unter der Oberfläche sind es immerhin noch etwa 500 000 Grad. Die brodelnde Sonnenoberfläche heißt auch Leuchtschicht. Hier herrscht eine Temperatur von 6000 Grad Celsius, also 150mal heißer als die größte Hitze bei euch auf der Erde.“

Maxi deutete auf die Sonne und fragte: „Was sind das für dunkle Flecken dort zwischen der rotglühenden Brodelmasse?“

„Das sind unsere Sonnenflecken“, erzählte Glitziglunk, „die sind nur 4500 Grad Celsius heiß und außerdem magnetisch. Der kleine Sonnenmann und ich benutzen sie gern zum Schlittschuhlaufen.“

Mitten im Wort leckte plötzlich um das Heliumschiff eine riesige Feuerzunge. Maxi und Moritz schrien entsetzt auf.

„Keine Angst“, beruhigte sie Glitziglunk, „das war doch bloß ein harmloser glühender Gasausbruch. Auf dem üben wir immer das Flammenreiten. Glaubt mir, ihr seid mit eurem Sonnenschutzpanzer wirklich gut vor der Hitze geschützt.“

Das Heliumschiff tauchte jetzt bereits in die äußere Randhülle der Sonne ein. Der kleine Sonnenmann zeigte auf ein Meßgerät.

Moritz las ab: „2 Millionen Grad Celsius.“ Schmunzelnd meinte er: „Ganz schön kühl habt ihr es hier!“

Die Temperatur sank langsam weiter. Das Raumschiff raste mit unverminderter Lichtgeschwindigkeit auf die Sonne zu. Moritz verfolgte mit Interesse den Hitzeanzeiger: „500 000 Grad, ... 100 000 Grad ... 10 000 Grad, ... 7500 Grad ...“

Sekunden später setzte das Sonnenschiff auf der feuerbrodelnden Oberfläche auf und stand still. Glitziglunk hängte den Kindern eine glühende Kette um den Hals.

„Die braucht ihr“, versicherte sie ihnen, „damit euch die Anziehungskraft der Sonne nicht zerquetscht.“

„Wieso denn das?“ wollte Maxi wissen.

„Ganz einfach“, sagte der kleine Sonnenmann, „weil ihr ohne die Kette auf der riesigen Sonne 30mal schwerer wärt als auf der Erde.“

„Dann würde ich hier ja fast 1000 Kilogramm wiegen“, staunte Moritz und kratzte sich am Kopf. „Das heißt, ich würde soviel wiegen wie ein Lastwagen, der eine Tonne schwer ist.“

Glitziglunk nickte, und Moritz hielt ängstlich seine Kette umklammert. Die Weißglut verbrannte ihm nicht die Finger. Im selben Augenblick ertönte ein Grollen und Donnern, ein Grunzen und Schnauben, und nicht weiter entfernt als etwa 3 Kilomter platzte die Sonnenoberfläche auf, als wäre dort soeben eine Bombe explodiert.

„Er kommt“, kreischte Glitziglunk ängstlich.

„Ihr bleibt hier und verhaltet euch mucksmäuschenstill!“ befahl der kleine Sonnenmann. Er selbst ergriff den Zauberspiegel und hob ihn flink aus dem Sonnenschiff.

Dann rief er laut in das Flammenmeer: „Er mag beginnen auf Leben und Tod . . .

Der Kampf mit dem Sonnendrachen

Kaum hatten sich der Feuerdampf und die Rauchschwaden etwas verzogen, war die Sicht auf ein Ungeheuer frei, dessen Aussehen so gräßlich war, daß es sich kaum beschreiben läßt.

Der koloßgroße Sonnendrachen lag wie ein Gebirge auf dem brodelnden Sonnenboden. Er hatte zehn Köpfe, die auf langen narbenverkrusteten Hälsen hin- und herschwankten. Seine riesigen, gerippten Fledermausschwingen waren krallenbewehrt und mochten eine Spannweite von wohl 1000 Kilometern haben. Aus seinen riesigen Mäulern quoll in graugrünen Schwaden ein pestartiger, übelriechender Rauch. Jedes Maul war angefüllt mit dolchspitzen Zähnen und vorn gebogen wie der krumme, scharfe Schnabel eines gewaltigen Raubvogels. Blutrote, gespaltene Zungen züngelten aus den schwarzen Rachen, und aus seinen 20 feurigen, herausgequollenen Glotzaugen trieften Funken und lodernde Feuertropfen. Vier ungeheuere Beine besaß er, die Raubvogelfängen mit nadelspitzen Krallen glichen. An jeder seiner Fersen drohte ein gekrümmter dornenspitzer Hahnensporn. Sein rotgoldener Körper war über und über mit gepanzerten Schuppen besetzt und endete in einem schlangenförmig gewundenen, unruhig auf- und abpeitschenden Schwanz, an dessen Spitze ein giftiger Stachel saß. Auf seinem Rückenkamm ragten wohl 1000 scharfkantige Panzerplatten auf. Aus seinen Rachen strömte kein Feuerstrahl, sondern ein todeseisiger Atem, der eine Kältestarre auslöste, wie sie nirgendwo sonst im Weltall verursachte hätte werden können.

Röchelnd, keuchend, kreischend und grunzend kroch die Panzerechse auf den kleinen Sonnenmann zu und brüllte mit lallender Stimme: „Stell dich mir zum Kampf, du elender Winzling! Ich werde dich zu Brei zerquetschen!"

Der kleine Sonnenmann rief: „Kehr in die Tiefe zurück, du bösartiges Untier, und laß uns in Frieden!"

Ein pfeifendes, quietschendes Gelächter erscholl, so daß der Sonnenball davon zu beben anfing.

„Was", gröhlte die Bestie los, „du willst mir befehlen? Ich werde dich in Stücke reißen und zu Tode frieren!"

Das Untier tappte schwerfällig auf seinen Krallenpranken näher heran. „Die Erdmenschen", donnerte seine Stimme, „haben es gewagt, mich zu wecken. Mit ihrer Bösartigkeit haben sie die Sonnenstrahlen vertrieben, die nach ihrer Rückkehr zur Sonne mit ihrer Hitze mir den Schlaf zu rauben wagten! Jetzt bin ich wach, und ich werde die Sonne verdunkeln. Dann müssen die Menschen auf der Welt zugrunde gehen!"

„Das wirst du nicht tun!" brüllte der kleine Sonnenmann mit zornrotem Gesicht.

„Wer will mich daran hindern", fragte der Sonnendrachen, „etwa du, Zwerg?"

„Ja, ich und mein Zauberspiegel", rief der kleine Sonnenmann und hielt den zehn Drachenhäuptern den mannshohen Kristallspiegel entgegen. Fünf Edelsteine strömten einen grellen Lichtglanz aus, die fünf anderen waren schwarz und tot. Der Sonnendrachen glotzte das Ding blöde an. Mit einem Mal bäumte er sich geblendet auf. Seine hinteren Pranken knickten ein. Röchelnd brach er zusammen.

„Er ist besiegt", triumphierte der kleine Sonnenmann. Doch er hatte sich zu früh gefreut.

Das Ungetier erhob sich wieder und lallte: „Deine fünf Lichter schwächen mich höchstens ein wenig, besiegen können sie mich niemals!" Und spottend fügte er hinzu: „Was ist denn mit den fünf anderen Edelsteinen geschehen? Sind dir diese etwa gar verkohlt?"

Mit geschlossenen Augen stampfte jetzt die

Riesenechse auf den Herrscher der Sonne zu, dem es die Sprache verschlagen hatte. Krampfhaft hielt er den Zauberspiegel in die Höhe und wich nicht von der Stelle. Der Todesatem des Reptils flutete ungehemmt aus den zehn Mäulern und vereiste Meter um Meter die Brodelbrühe der Sonne.

„Hilfe! Wir sind verloren!" rief Glitziglunk.

Schritt um Schritt wich der kleine Sonnenmann zurück. Die Kinder bissen sich vor Aufregung in die geballten Fäuste.

„Treib ihn zurück", winselte Maxi.

„Vernichte ihn", jammerte Moritz.

Aber der Sonnendrachen kam unaufhaltsam näher und näher, und sein Eisesatem strömte wie ein Sturmwind aus seinen zehn scheunentorgroßen Rachen.

Maxi sank verzweifelt in die Knie und fing hemmungslos zu weinen an. Moritz fiel neben ihr nieder, und dicke Tränen rollten ihm über die Wangen: Plötzlich schrie Glitziglunk gellend auf. Was war geschehen? – Kaum hatten die Tränen der Kinder den Sonnenboden berührt, verschmolzen sie zu einem glutweißen Edelstein, der wuchs und wuchs. Er wurde groß wie ein Apfel, größer wie ein Kürbis, riesengroß wie ein Felsen, gewaltig groß wie ein Haus – und was tat er? – Er rollte donnernd und glänzend auf den Sonnendrachen zu und strömte dabei eine Hitze aus, die den Kälteatem des Ungeheuers zurückdrängte und den erstarrten Boden auftaute.

Neben dem kleinen Sonnenmann hielt der Tränenstein kurz inne. Gemeinsam bewegten sich nun die beiden auf das Monsterwesen zu. Der kleine Sonnenmann streckte mit zitternden Armen den großen Kristallspiegel von sich. Die fünf Zauberedelsteine und besonders der Tränenstein ließen den Sonnendrachen im Schritt verhalten. Das Untier spürte die unwiderstehliche Kraft, die auf ihn zukam. Mit böse zusammengekniffenen Augen spuckte das Monster Eisgalle und Kälteschleim auf seine Widersacher. Es brüllte drohend, fletschte in allen seinen Mäulern die gefährlichen Zähne. Nichts half!

Schritt um Schritt mußte es zurückweichen auf den Krater zu, dem es eben erst entstiegen war. Als die Echse an seinem Rand ankam, bäumte sie sich gebirgshoch auf, peitschte dabei ihren Schwanz mit dem Giftstachel dem kleinen Sonnenmann entgegen, hob und senkte verzweifelt ihre Riesenflügel, daß die Glut des Sonnenbodens durch den Weltraum brauste.

„Zurück mit dir, stürz dich hinab“, rief der kleine Sonnenmann, „der Abgrund dort, er sei dein Grab!“

Im selben Augenblick kippte der Sonnendrachen hintenüber. Er stieß einen spitzen Schrei aus, der die Kinder bis auf die Knochen erschaudern ließ und stürzte dann in die Tiefe zurück.

Minuten später schlug der mächtige Körper unten auf, so daß die Sonne in ihren Grundfesten erzitterte und ein Dröhnen durch den Weltraum brauste, das bis zum entfernten Planeten Pluto hinausschallte.

Brodelnd schlugen über dem Abgrund die Glutmassen zusammen und begruben den Sonnendrachen unter sich. Der kleine Sonnenmann ließ erschöpft den Spiegel sinken. Müde kehrte er zum Heliumschiff zurück. Dort stand mit weichen Knien Glitziglunk und hielt die Hände ängstlich vor das Gesicht gepreßt. Maxi und Moritz knieten mit tränenfeuchten Augen am Boden und konnten das Geschehen, das sich eben vor ihren Augen abgespielt hatte, immer noch nicht recht fassen.

„Der Kampf ist vorbei“, sagte der kleine Sonnenmann leise. „Wir haben gesiegt. Euer Tränenstein hat uns alle gerettet.“

„Ich weiß jetzt, wem wir das zu verdanken haben“, sagte Moritz tonlos. „Venus, die Schönheitskönigin, ist mit ihren Händen dreimal vor unseren Augen auf- und abgefahren und hat dabei einen seltsamen, wunderlich klingenden Spruch gemurmelt. Bestimmt wurden deshalb unsere Tränen zu dem großen Tränenstein.“

Der kleine Sonnenmann zog unsicher die Schultern nach oben. „Ich weiß nicht so recht“, meinte er, „vielleicht ist dieses Wunder auch geschehen, weil zwei Menschenkinder um ihre Erde Tränen vergossen haben."

Alle vier blickten erleichtert auf den großen Tränenstein, der in der Ferne wie ein strahlendes Mahnmal emporragte.

„Er soll hierbleiben", schlug Glitziglunk vor, „dann wird sich der Sonnendrachen hüten, wieder an die Oberfläche zu kommen."

„Ja, ist denn der noch am Leben?" fragte Maxi entsetzt.

„Er lebt solange", versicherte der kleine Sonnenmann, „solange es das Böse gibt in unserem Planetenbereich."

„Jetzt müßt ihr aber etwas auf der Erde unternehmen", drängte Glitziglunk die Kinder, „damit euer Planet wieder gesund und schön wird. Wenn ihr nämlich auch nichts dafür tut, wird euer Tränenstein bald schmelzen und der Sonnendrachen früher oder später abermals aus dem Sonneninnern hervorbrechen."

Moritz sagte: „Wir sind zwar nur Kinder, aber wir werden uns bestimmt bemühen, daß die Menschen erfahren, in welcher Gefahr sie schweben."

„Ihr dürft nicht sagen", widersprach der kleine Sonnenmann, „daß ihr *nur* Kinder seid. Gerade, weil ihr Kinder seid, könnt ihr und müßt ihr euch um die Welt kümmern, denn ihr haltet schon bald das Wohl und Wehe der Welt in eueren Händen, wenn die Alten längst gestorben sind."

Über Maxis Gesicht ging ein Leuchten. „Ich verspreche", rief sie, „daß wir die Erde bewahren wollen und mit ihr . . .

Das Glück der Sonnensonntagskinder

„Was sind das für Kinder?“ erkundigte sich Glitziglunk etwas verwirrt.

Maxi klärte sie freundlich auf: „Das sind Moritz und ich. Wir beide sind nämlich an einem Sonntag auf die Welt gekommen. Moritz um 8 Uhr morgens und ich zwei Jahre später um 11 Uhr nachts.“

„Moritz unterbrach seine Schwester und rief: „Das ist wirklich wahr! Und weißt du, Sonntagskinder, so sagt man bei uns auf der Erde, sind echte Glückskinder.“

Der kleine Sonnenmann nickte: „Ihr beiden habt uns wirklich Glück gebracht.“

„Aber ohne euch, kleiner Sonnenmann und kleine Sonnenfee“, versicherte Maxi, „hätten wir gegen den Sonnendrachen überhaupt nichts ausgerichtet. Deshalb nennen wir uns beide ab heute auch Sonnensonntagskinder.“

Moritz hatte einen Einfall. „Wenn wir auf der Erde zurück sind“, verkündete er, „dann gründen wir die Kindergruppe der ‚Sonnensonntagskinder' und wir alle wollen uns dann um das Glück und das Wohlergehen der Erde kümmern."

Maxi überlegte: „Mariella, Sonja, Sabine und Gerlinde machen bestimmt mit bei uns, vielleicht auch Diana und Bianca!"

„Moritz fügte hinzu: „Und ich lade Florian, Tobias, Daniel und Max ein."

„Sind sie alle am Sonntag geboren?" wollte Glitziglunk verwundert wissen.

„Aber nein", winkte Maxi ab, „das nicht, wir beide als Sonntagskinder reichen doch schon."

Der kleine Sonnenmann schaute beunruhigt auf sein Raumschiff und sagte: „Kinder, so leid es mir tut, ich bringe euch jetzt zur Erde zurück. Euer Großvater wird sich schon Sorgen machen. Vor Einbruch der Dämmerung solltet ihr unbedingt zu Hause sein."

Maxi und Moritz machten enttäuschte Gesichter. „Schade", brummten beide, „wir wären noch so gern bei euch geblieben."

Glitziglunk tröstete sie. Schließlich sahen es die Kinder ein und kletterten in das Sonnenschiff. Als es hoch stieg, blickten sie lange auf die feuerbrodelnde rote Sonne zurück, die ihre langen Flammenarme weit in den Weltraum hinauswarf, als wollte sie den Kindern zum Abschied zuwinken.

„Der Rückflug in unserem lichtstrahlschnellen

Heliumschiff wird nur etwa 8 Minuten dauern." Mit dieser Bemerkung riß Glitziglunk die Kinder aus ihren Träumereien.

Maxi schwärmte: „Wir haben heute an einem einzigen Tag mehr erlebt, als sonst auf der Erde in einem ganzen Leben. Wir werden nach der Rückkehr alle Abenteuer ausführlich unserem Großvater erzählen."

Moritz gestand seiner Schwester: „Ich weiß aber gar nicht mehr, wie alle Planeten hießen, auf denen wir waren."

„Da kann ich dir helfen", schmunzelte der kleine Sonnenmann. „Es gibt da nämlich einen hübschen einfachen Merksatz. Der geht so: *Mein Vater Erklärt Mir Jeden Sonntag Unsere Neun Planeten.* Die Anfangsbuchstaben eines jeden Wortes sind auch die Anfangsbuchstaben der Planeten, wie sie in der Reihenfolge von der Sonne aus gesehen, aufeinander folgen."

Moritz probierte es sofort aus, den Satz zu wiederholen: *„Mein* –also Merkur – *Vater* – das ist Venus – *Erklärt* – E wie Erde – *Mir* – jetzt kommt der Mars – *Jeden* – das ist der riesige Jupiter – *Sonntag* – das muß der Saturn mit seinen Ringen sein – *Unsere* – U wie Uranus – *Neun* – Neptun ist das wohl – *Planeten* – Pluto als letzter. Das ist ja ein toller Merksatz: Mein Vater erklärt Mir Jeden Sonntag Unsere Neun Planeten. Merkur – Venus – Erde – Mars – Jupiter – Saturn – Uranus

– Neptun – Pluto. Ich kann sie ja schon aufzählen, unsere neun Planeten!"

„Und ich",forderte Maxi, „hätte so gern ein hübsches Planetenlied zum Vorsingen, aber leider kann ich keine Verse dichten, die sich schön reimen. Und eine Melodie zu erfinden, das ist noch schwieriger."

„Na", rief der kleine Sonnenmann, „wollen wir einmal sehen, ob das nicht unser Sonnenschiff-Computer kann. Was soll denn alles in deinem Lied vorkommen?"

Der kleine Sonnenmann hielt den Kinder das Mikrofon vor den Mund und bat: „Diktiert eure Wünsche laut und deutlich dem Computer. Er wird sie dann zu einem Lied verarbeiten."

„Also", begann Maxi begeistert, „ich wünsche mir in dem Lied erst mal alle neun Planeten und daß sie um die Sonne herumfliegen."

„Und", mischte sich Moritz ein, „die Namen aller Planeten: Mein Vater Erklärt . . ."

„Halt", rief der kleine Sonnenmann, „du darfst dem Computer nur die Namen allein sagen."

„Moritz verbesserte sich: „Merkur ist am nächsten an der Sonne dran, dann kommen Venus, Erde und Mars. Weiter weg umkreisen 100 000 fliegende Felsen die Sonne."

„Planetoiden heißen sie", flüsterte Glitziglunk rasch ins Mikrofon.

Moritz nickte und fuhr fort: „Dann kommen

die Riesenplaneten Jupiter und Saturn mit seinen Ringekreisen. Und ganz weit weg von unserer Sonne stehen Uranus, Neptun und Pluto als der Schlußplanet.“

Bereits während der ganzen Zeit piepte und summte der Computer auf Hochtouren. Maxi hielt jetzt ihrem Bruder den Mund zu. „Ich möchte auch wieder mal etwas sagen dürfen, wenn du gütigst erlaubst, mein liebes Brüderlein.“

Moritz schob seiner Schwester das Mikrofon hin. „Hm, hm“, räusperte sich Maxi, „in dem Lied muß auch vorkommen, daß unsere Ede der schönste Planet ist, weil er als einziger Himmelskörper Wasser, Luft und warmen, lebenspendenden Sonnenschein hat.“

Schon mischte sich Moritz abermals ein: „Ich will auch, daß in dem Lied davon die Rede ist, daß wir alle mithelfen wollen, unsere Erde vor Krieg, Lärm und Gift zu beschützen . . .“

„ . . . und“, rief Glitziglunk dazwischen, „vor der Gedankenlosigkeit der Menschen.“

Maxi hatte vor Eifer ganz rote Wangen bekommen. „Die Erde“, stieß sie hervor, „ist für uns Menschen wie ein Raumschiff. Und ich will darauf leben wie ein fröhliches Kind.“

„Soll das auch in dem Lied vorkommen?“ fragte der kleine Sonnenmann und holte tief Luft.

„Aber natürlich“, betonte Maxi, „weil es nämlich keine Menschen mehr geben wird, wenn die Erde zerstört ist. Also muß man sie liebhaben!“

Moritz rief noch ins Mikrofon: „Auf den anderen acht Planeten können, wie wir gesehen haben, schließlich keine Menschen leben, deshalb müssen wir die Erde beschützen, damit sie uns erhalten bleibt.“

Maxi und Moritz schwiegen. Sie wußten nichts mehr. Der kleine Sonnenmann machte ein besorgtes Gesicht.

„Aus allen Wörtern, die ihr da eben aufgezählt habt“, fragte er stirnrunzelnd, „soll also mein Sonnenschiff-Computer ein Lied komponieren?“

Maxi und Moritz nickten eifrig.

„Na schön! Welche Melodie wollt ihr denn haben?“

Die Kinder überlegten. Maxi meinte: „Keine neue, weil wir die erst üben müßten. Wir wollen aber gleich mitsingen können.“

Moritz schlug vor: „Ich kann besonders gut das Lied ‚Alle meine Entchen', soll ich es einmal vorsingen . . .“

„Nein, nicht nötig“, unterbrach ihn schnell der kleine Sonnenmann und diktierte ins Mikrofon: „Bitte mach sofort aus den Worten der Kinder ein Lied, das sich zur Melodie des Liedes ‚Alle meine Entchen' singen läßt.“

Aus dem Computer ertönte eine blecherne

Stimme: „Habe – alles – verstanden – werde – Planetenlied – reimen – das – sich – nach – der – Melodie – Alle – meine – Entchen – singen – läßt."

Es begann nun in dem Apparat geheimnisvoll zu pfeifen, zu knistern und zu knacken, dazwischen ratterte und hupte es.

Der kleine Sonnenmann schaute bekümmert auf die Meßinstrumente. „Hoffentlich geht er mir bei dieser Arbeit nicht kaputt. Ihr beiden habt ihm da eine schwierige Aufgabe gestellt."

Plötzlich verstummte der Computer nach einem letzten schnarrenden Ton. Aus und vorbei.

„Was ist los?" erkundigte sich Glitziglunk erschreckt.

„Ich glaube, er ist erstickt", murmelte der kleine Sonnenmann erregt.

Im selben Augenblick ertönte aus dem Lautsprecher die blecherne Computerstimme: „Hier – spricht – Computer SOH – des lichtstrahlschnellen – Heliumschiffes – habe – soeben – ein – Planetenlied – fertiggestellt."

Ratternd schob sich aus einem Schlitz der Maschine ein goldener Streifen, auf dem in roten Buchstaben nach und nach zehn Liedstrophen getippt wurden.

Die Kinder konnten es nicht fassen, als sie das Lied endlich in Händen hielten. Der Computer schnarrte: „Singe – jetzt – das – Lied – nach – der

– Melodie – Alle – meine – Entchen – vor – Es – darf – mitgesungen – werden.“

Und schon fing das Ding wie eine Blechtrompete zu krächzen an. Der kleine Sonnenmann, Glitziglunk und die Kinder sangen begeistert mit, so daß man die falschen Töne aus Maxis Kehle und den Brummbaß von Moritz fast nicht bemerkte.

Es war ein prächtiges Lied, und es ging so:

Neun Planeten fliegen,
wie ein jeder weiß,
um den Sonnenball herum,
rundherum im Kreis.

Am nächsten bei der Sonne
fliegt Merkur nicht allein,
nein, Venus, Erde und der Mars
wollen bei ihm sein.

Weiter von der Sonne weg
zieh’n hunderttausendmal
– Planetoiden heißen sie –
die Felsen ohne Zahl.

Nun treffen wir die großen an,
den Jupiter, den Riesen.
Saturn mit seinem Ringekreis,
den lassen wir schön grüßen.

Ganz weit von unserer Sonne weg
steh'n Uranus, Neptun.
Auch Pluto als der Schlußplanet
darf nie vom Flug ausruhn.

Der schönste der Planeten,
wer kann denn das nur sein?
Mit Wasser, Luft und Sonne
die Erde ganz allein.

Wir woll'n sie sauberhalten
und schützen alle Zeit
vor Krieg, Lärm, Gift und unserer
Gedankenlosigkeit.

Die Erde, unser Raumschiff,
auf der wir Menschen sind,
die wollen wir behüten
als wär' sie unser Kind.

Denn, gibt es keine Erde,
gibt's Menschen auch nicht mehr.
Die andern acht Planeten
sind alle wüst und leer.

Neun Planeten fliegen,
wie ein jeder weiß,
um den Sonnenball herum,
rundherum im Kreis.

Begeistert klatschten nach der letzten Strophe Maxi und Moritz in die Hände.

„Bravo“, rief Glitziglunk, „lieber Computer, du bist ein Dichter, ein ganz ein guter!“

„Piep“, quietschte der Sonnenschiff-Computer stolz.

„Dieses Lied“, sagte der kleine Sonnenmann, „schenke ich euch zum Abschied.“ Mit einem seiner Feuerfinger brannte er in die Goldfolie die Worte ein:

Dieses Lied gehört Maxi und Moritz,
unseren lieben Sonnensonntagskindern,
in Liebe und Freundschaft
eure Sonnenfee Glitziglunk
und euer . . .

Helios, der Herrscher des Weltalls

„Wer ist Helios?“ fragte Maxi verwundert.

Der kleine Sonnenmann deutete auf sich. „Das ist sozusagen mein Familienname.“

„Aber für uns“, wandte Moritz ein, „bist und bleibst du weiterhin der kleine Sonnenmann.“

Das Heliumschiff war inzwischen an den Planeten Merkur und Venus vorbeigerast. In der Ferne sahen die Kinder an diesem Tag bereits zum zweitenmal, wie der Heimatplanet Erde auftauchte: wasserblau und an manchen Stellen etwas mit weißen Wolkenstreifen verschleiert.

Maxi machte ein nachdenkliches Gesicht. „Ich kann mir“, murmelte sie, „überhaupt nicht genau vorstellen, wie weit eigentlich alle Planeten voneinander entfernt sind. Einmal sind wir mit einfacher Lichtgeschwindigkeit geflogen, dann mit zehn- oder hundertfacher.“

Glitziglunk lächelte verständnisvoll und besprach sich schließlich kurz mit dem kleinen Sonnenmann. Der verkündete schließlich: „Paßt auf, ihr beiden, wir landen bei euch auf einer Waldlichtung. Dort wird euch dann Glitziglunk mit Hilfe eines Modells erklären, wie weit die Planeten von der Sonne und voneinander entfernt sind und wie sie sich in ihrer Größe unterscheiden."

Das Heliumschiff tauchte soeben in die Lufthülle der Erde ein. Die Kinder blickten gespannt nach unten. Eine einsam gelegene Waldlichtung erschien. Sie befand sich ganz in der Nähe, wo das Haus und die Glashütte des Großvaters Korbinian lagen. Das Raumschiff landete auf einem geeigneten Platz.

„Endlich daheim und wieder auf der Erde zurück", freute sich Moritz und sprang auf die Wiese. Seine Schwester, Glitziglunk und der kleine Sonnenmann folgten ihm.

„Jetzt paßt auf", rief Glitziglunk. Ping! zauberte sie einen eineinhalb Meter hohen und breiten roten Ballon. „Stellt euch vor", sagte sie, „das hier wäre die Sonne."

„Wie groß", frage Maxi sofort, „wäre der Merkur im Vergleich zu ihr?"

Ping! Glitziglunk hielt eine graue Erbse in der Strahlenhand. „Der Merkur wäre nur so winzig."

Moritz schüttelte überrascht den Kopf. „Wie weit", wollte er wissen, „wäre denn dann der Erbsenmerkur von der Ballonsonne entfernt?"

„Kommt mit", sagte der kleine Sonnenmann.

Die vier gingen von dem roten Sonnenballon weg. Nach 60 Metern hielt Glitziglunk und legte die Merkurerbse auf den Boden. „So weit“, erzählte sie, „ist bei diesem Planetenmodell der Merkur von der Sonne entfernt.“

Die Sonnenfee ging weiter. Neugierig folgten ihr die Kinder und der kleine Sonnenmann. Nach weiteren 50 Metern machten sie abermals halt. Ping! Glitziglunk griff zwei blaue Murmeln aus der Luft, die etwa doppelt so groß waren wie die graue Merkurerbse. Eine der Murmeln legte sie jetzt nieder.

„Das ist die Venus“, beschrieb sie. „Sie ist 110 Meter von unserer Modellsonne entfernt.“

Die Kinder blickten auf den weit zurückliegenden Ballon. Als sie sich umdrehten, waren Glitziglunk und der kleine Sonnenmann schon weitergegangen.

„Komm schnell“, rief Moritz und nahm seine Schwester bei der Hand, „jetzt gehen wir nämlich zu unserer Erde.“

Nach etwa 40 Metern legte Glitziglunk die zweite blaue Murmel ins Gras, die fast genauso groß war wie die Venusmurmel. „150 Meter sind wir nun von unserem Sonnenballon weg“, sagte sie. „Soweit ist die Erde von der Sonne entfernt.“

Die Gruppe marschierte 80 Meter vorwärts. Nach insgesamt 230 Metern zeigte Glitziglunk – ping! – eine zweite, diesmal aber rote Erbse und erklärte: „Dieses Kügelchen ist etwas größer als die Merkurerbse. Es soll den Mars darstellen. Seht ihr, der Sonnenballon dort vorn ist von hier aus gesehen schon viel, viel kleiner."

Maxi und Moritz blickten die 230 Meter zurück und sahen die Modellsonne nur mehr so groß wie einen kleinen Gummiball.

Der kleine Sonnenmann trieb die Gruppe an: „So, nun gehen wir in unserem Planetenmodell zum Jupiter. Das bedeutet: Wir müssen ohne Unterbrechung über einen halben Kilometer weit gehen."

Erst nach 6 Minuten hielten die vier wieder. Glitziglunk zauberte – ping! – aus der Luft einen orangeroten Handball mit einem roten Fleck. „Das soll der Jupiter sein", meinte sie und legte den etwa 14 Zentimeter großen, Ball auf den Boden.

Maxi spähte aufmerksam zurück: „Nun ist der Sonnenballon nur mehr als winzige Kugel in der Ferne zu erkennen, und Merkur, Venus, Erde und Mars sind mit bloßem Auge gar nicht mehr zu sehen."

Der kleine Sonnenmann bestätigte ihr: „Natürlich, schließlich sind wir jetzt auch insgesamt 800 Meter von dem Ballon entfernt."

„Kommt weiter", lud Glitziglunk ein, „gehen wir nochmals 700 Meter, dann kommen wir zu der Stelle, wo der Saturn zu finden ist."

Maxi und Moritz waren ganz fasziniert. Immer wieder blickten sie sich um. Der Jupiterhandball wurde kleiner und kleiner, die Sonne war jetzt nur mehr erbsengroß. Nach 1500 Metern Entfernung von der Modellsonne ließ Glitziglunk – ping! – einen gelbbraunen Handball in die Wiese gleiten . Er war im Durchmesser etwa zwei Zentimeter kleiner als der Jupiterhandball. „Das ist der Planet Saturn“, sagte sie.

„Auf zum Uranus“, drängte der kleine Sonnenmann und machte sich auf den Weg. „Wir sind eben 1500 Meter, also insgesamt bisher 3 Kilometer, gelaufen“, sagte Glitziglunk und legte – ping – einen grünen Tennisball auf den Boden.

Maxi erkannte sofort: „Das soll also der Uranus sein.“

Der kleine Sonnenmann reichte ihr ein Fernglas. „Schau einmal zurück damit“, schlug er vor.

Maxi setzte das Glas an die Augen. „Ich sehe ganz weit vorn unseren Sonnenballon. Der ist aber winzig geworden!“

Moritz nahm ihr das Glas aus der Hand: „Von den anderen Planeten“, meinte er, „sehe ich nur den Jupiter und den Saturn, und selbst die beiden sind nur noch Kügelchen.“

„Und nun zum Neptun“, munterte der kleine Sonnenmann die Kinder auf. Wieder mußten sie ein Stück gehen. Nach viereinhalb Kilometern machten sie Halt, und Glitziglunk legte einen blauen Tennisball in die Wiese.

„Der Neptunball“, sagte sie, „fast so groß wie der grüne Uranusball.“

Moritz rief stöhnend: „Wie weit müssen wir uns nun noch zum Planeten Pluto schleppen?“

Der kleine Sonnenmann winkte mit dem Kopf. Nachdem sie gegangen waren, holte Glitziglunk eine weiße Minierbse hervor und legte sie als Plutobällchen in die Wiese.

„Wir sind insgesamt 6000 Meter, also 6 Kilometer marschiert“, sagte sie. Inzwischen zeichnete der kleine Sonnenmann auf ein Blatt die Sonne und die neun Planeten mit ihren Zwischenabständen auf. Er reichte das Blatt den Kindern.

„Jetzt kapier' ich es langsam“, meinte Maxi, „wie weit die neun Planeten von der Sonne und voneinander entfernt sind.“

„Und wie weit“, erkundigte sich Moritz, „müßten wir gehen, bis wir bei unserem Modell zum nächsten Stern kommen würden?“

Glitziglunk schaute ihn mit großen Augen an. „Nicht weit“, meinte sie grinsend, „nur einmal um die ganze Erde herum, kurze 40 000 Kilometer. Da läge dann der Stern, der unseren Planeten am nächsten wäre.“

Maxi und Moritz wollten und konnten das einfach nicht glauben.

Aber der kleine Sonnenmann nickte: „Doch, Kinder, im Weltall sind die Entfernungen von einem Stern zum anderen unvorstellbar weit. Deshalb brauche ich auch ein lichtstrahlschnelles Heliumschiff, damit ich wenigstens ein bißchen vorwärtskomme.“

Nachdenklich marschierten die Kinder, Glitziglunk und der kleine Sonnenmann den langen Weg zu ihrem Sonnenballon zurück: von der weißen Zwergerbse Pluto eineinhalb Kilometer zum blauen Neptun-Tennisball, dann eineinhalb Kilometer zum blauen Uranus-Tennisball, danach eineinhalb Kilometer zum gelbbraunen Saturnhandball, anschließend 700 Meter zum orangeroten Jupiterhandball, dann 570 Meter zur roten Marserbse. Jetzt konnten sie mit bloßem Auge schon wieder den roten Sonnenballon erkennen. Weitere 80 Meter ging es zur blauen Erdmurmel, anschließend 40 Meter zur blauen Venusmurmel dann 50 Meter zur grauen Merkurerbse und schließlich 60 Meter zum runden, roten Sonnenballon, der nun wieder eineinhalb Meter groß und prall vor ihnen neben dem Heliumschiff in der Wiese lag.

Als sich Maxi und Moritz umdrehten, konnten sie die anderen Planeten mit bloßem Auge nicht mehr sehen. Durch das Fernglas konnten sie nur die Jupiter- und Saturnhandbälle einigermaßen ausmachen.

„Und wie groß sind wir vier in diesem Modell?“ wollte Maxi wissen.

Glitziglunk lächelte: „Nicht einmal so groß wie das winzigste Staubkörnchen“, sagte sie.

Moritz begriff und sagte: „Ein Sandkörnchen wäre bei dieser Größe bereits ein ganzes Land."

Maxi rief: „Los, Moritz, machen wir einen Wettlauf zu unserer Erdmurmel und holen sie uns!"

In ihrem Eifer bemerkten die Kinder nicht, wie sich der kleine Sonnenmann und Glitziglunk heimlich mit traurigen Blicken zunickten.

„Auf die Plätze! Fertig! Los!" gab Moritz das Startzeichen. Die beiden Kinder rannten die 150 Meter, bis ihnen fast die Puste wegblieb. Moritz wurde Sieger. Er hob die blaue Edmurmel auf, und gab sie seiner Schwester Maxi. Beide schnauften und schwitzten vor Anstrengung.

Als sie sich umdrehten, blieb ihnen die Luft weg. Das Heliumschiff war verschwunden. Die Kinder konnten es nicht glauben.

„Kleiner Sonnenmann! Glitziglunk!" riefen sie und hasteten keuchend zum Startplatz zurück.

Nichts mehr war da. Kein Heliumschiff. Kein roter Sonnenballon. Nur die blaue Erdmurmel in der Hand bewies den Kindern, daß alles nicht nur ein Traum gewesen sein konnte. Weinend fiel Maxi ihrem Bruder in die Arme. Moritz verbiß sich die Tränen.

„Sie sind einfach weg, ohne auf Wiedersehn zu sagen", schluchzte das Mädchen.

„Beruhige dich", stammelte Moritz. „Sie wollten sicher uns beiden und sich selbst den Abschied nicht so schwer machen."

„Du hast recht“, schniefte Maxi, „wir hätten bloß geheult und sie sicher nicht weglassen wollen.“

„Ja, es ist besser so“, nickte Moritz.

Beide Kinder blickten zum Himmel hinauf, und es war ihnen, als würde ganz weit weg ein winziger Silberpunkt mehrmals aufblitzen.

Ein leichter Wind kam auf. Es raschelte am Boden. Moritz sah etwas Weißes, Leuchtendes zwischen den Grashalmen herumflattern. Er rannte hin und fing das Ding auf. Auf dem Metallblatt war eine goldene Sonne gezeichnet, von der an Stelle von Lichtstrahlen Satzstreifen im Kreis abstrahlten. Moritz las laut vor:

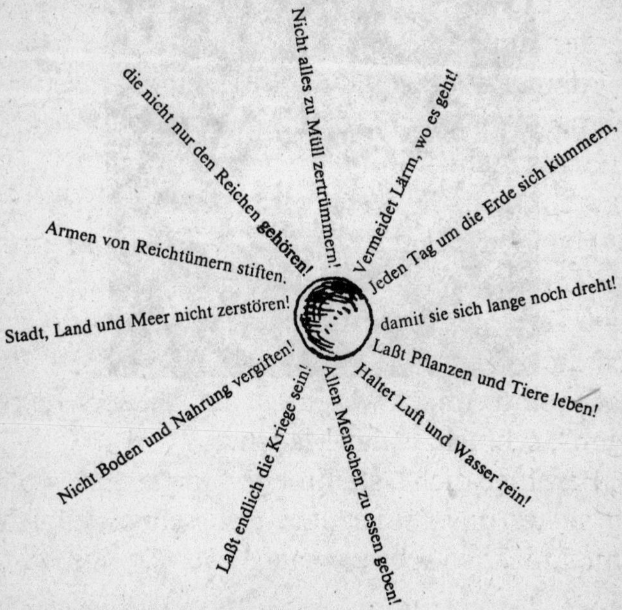

Moritz steckte die Folie behutsam in die Brusttasche seiner Jacke. Dann nahm er seine Schwester Maxi bei der Hand, die krampfhaft die blaue Erdmurmel umklammert hielt.

Ohne ein Wort zu sprechen, gingen die Kinder in die Richtung, wo das Haus ihres Großvaters lag, erst mit langsamen Schritten, dann immer schneller. Schließlich begannen sie zu rennen.

Die sinkende Nachmittagssonne strich den beiden mit ihren Strahlenfingern zart über die wehenden Haare.